AF252316

RÉFORME

HYPOTHÉCAIRE.

ORGANISATION DU CRÉDIT FONCIER.

PAR M. WOLOWSKI,

Professeur de législation industrielle au Conservatoire des Arts et Métiers, avocat à la Cour royale de Paris.

PARIS.

Au bureau du Journal des Économistes,

CHEZ GUILLAUMIN, ÉDITEUR,

GALERIE DE LA BOURSE, 5, PANORAMAS.

1844

EXTRAIT

DU

JOURNAL DES ÉCONOMISTES,

Revue mensuelle de l'Économie politique, des Questions agricoles, manufacturières et commerciales.

No 35. — Octobre 1844.

PRIX D'ABONNEMENT : 30 FR. PAR AN POUR TOUTE LA FRANCE; SIX MOIS : 16 FR.

Imprimerie de Hennuyer et Turpin, rue Lemercier, 24. Batignolles.

RÉFORME HYPOTHÉCAIRE.

ORGANISATION DU CRÉDIT FONCIER.

DOCUMENTS RELATIFS AU RÉGIME HYPOTHÉCAIRE

ET AUX RÉFORMES QUI ONT ÉTÉ PROPOSÉES,

Publiés par ordre de M. Martin (du Nord), garde des sceaux, ministre secrétaire
d'État au département de la justice et des cultes.

« La matière des hypothèques est sans contredit la plus importante
de toutes celles qui doivent entrer dans la composition d'un Code civil;
elle intéresse la fortune mobilière et immobilière de tous les citoyens;
elle est celle à laquelle toutes les transactions se rattachent. Suivant
la manière dont elle sera traitée, elle donnera la vie et le mouvement
au crédit public et particulier, ou elle en sera le tombeau. »

Ces paroles, empruntées par Réal aux observations du tribunal
d'appel de Rouen, sur le projet de Code civil, mesuraient exactement
l'influence et la portée d'un bon régime hypothécaire, à une époque
où le sol formait presque la totalité de la fortune publique, où aucun
autre intérêt ne pouvait aspirer à balancer celui du crédit territorial.

Nous n'en sommes plus là aujourd'hui; les quarante années qui
se sont écoulées depuis la promulgation du Code Napoléon ont élevé,
en face de la fortune immobilière, une puissance rivale; le commerce,
l'industrie, le mouvement rapide des capitaux, le travail incessant de
nos usines, de nos manufactures, où tous les éléments subissent l'em-
preinte du génie de l'homme, où l'eau, l'air et le feu se mettent à
notre service comme des esclaves obéissants, ont enlevé à la propriété
foncière cette domination qu'elle exerçait sans partage. Mais, pour ne
plus être l'intérêt unique du pays sous le rapport du crédit, le placement des capitaux sur immeubles n'en demeure pas moins un intérêt
prépondérant : la richesse agricole est et restera toujours la base la
plus sûre de la richesse générale. Tout ce qui peut exercer de l'influence
sur le développement de notre production agricole, tout ce qui touche
à sa prospérité, mérite donc la plus sérieuse attention.

Or, la propriété territoriale a besoin d'un crédit étendu, elle a besoin de l'obtenir à des conditions moins onéreuses que celles qu'on lui

a fait subir jusqu'ici. Les temps ne sont plus où le cultivateur bornait ses travaux à aider l'activité naturelle du sol ; la terre est devenue une machine dont les capitaux sont les moteurs. Le génie de l'homme a vaincu la nature rebelle, il a modifié les conditions défavorables du sol, il a su rapprocher les éléments épars de la fertilité de la terre ; l'Angleterre, les Pays-Bas, l'Allemagne, une partie de l'Italie, nous montrent les riches résultats de ce travail intelligent.

La France ne saurait demeurer en arrière ; elle ne saurait accepter une infériorité de position, dont un meilleur emploi des forces qu'elle possède doit facilement l'affranchir ; elle attend avec une légitime impatience les institutions nouvelles qui lui permettront de profiter des richesses du sol et de l'activité des habitants.

Mettre les capitaux en présence des besoins, et leur procurer un placement solide et commode, activer la circulation, vivifier toutes les sources de la production, faire baisser le prix des matières premières, en dotant le sol des instruments de travail qui lui manquent et en modérant le taux de l'intérêt, tel est le problème complexe dont la solution nous semble reposer, d'une part, sur la création des *banques agricoles*, et d'un autre côté, sur une large organisation du crédit foncier, organisation qui ne peut naître qu'à la suite d'une réforme de notre législation hypothécaire, ou pour mieux dire, de l'ensemble des lois qui régissent chez nous *les droits réels*.

Nous distinguons dès l'abord deux institutions qui nous semblent devoir concourir au même but, par des moyens différents : les *banques agricoles*, destinées à fournir au cultivateur le capital roulant, qui, dans l'industrie agricole comme dans l'industrie manufacturière, se renouvelle à des intervalles rapprochés ; et le *crédit foncier* proprement dit, qui aide à la transformation du sol, et facilite les diverses transactions dont la propriété territoriale peut devenir l'objet.

Les *banques agricoles* reposeront, comme les autres banques, sur le *crédit personnel* ; le *crédit foncier* se fonde sur le *crédit réel*, sur celui qui est spécialement assis sur la valeur libre de la propriété immobilière, et non sur l'habileté et les qualités individuelles de l'homme chargé de l'exploitation rurale. Aussi, dans les questions que soulève l'organisation du crédit foncier, faut-il sans cesse matérialiser toutes les garanties, et ne s'attacher qu'à la *chose* possédée, indépendamment de la *personne* qui possède. Il faut envisager les divers fragments du territoire, dévolus au domaine privé, tombés dans l'attribution individuelle, comme autant d'êtres distincts, comme autant d'individus, dont les propriétaires ne sont que les représentants actifs.

De cette seule définition dérive, si l'on en suit bien les conséquences rigoureuses, tout un ensemble de règles qui constituent le système de la publicité des droits réels, et qui régissent le crédit territorial.

Notre système hypothécaire est loin de remplir les premières conditions que présuppose la garantie recherchée par les créanciers, quand, au lieu de la solvabilité personnelle de leur débiteur, ceux-ci désirent rencontrer un gage matériel, pénétré qu'ils sont de l'adage : *plus est cautionis in re quam in persona.*

« L'hypothèque est définie par la loi, « un droit réel sur les immeubles affectés à l'acquittement d'une obligation. » *Un droit réel,* c'est-à-dire un droit inhérent, attaché à la chose, *comme la lèpre à la peau* (pour nous servir de l'expression énergique de nos anciens jurisconsultes), et la suivant en quelques mains qu'elle passe. Par cela même que l'hypothèque est un droit *réel,* elle établit une distinction, une séparation complète entre la terre et la personne qui la représente. Le crédit porte sur la chose et non sur le propriétaire. Par conséquent, pour que le capitaliste trouve la garantie qu'il recherche, il faut qu'il connaisse toujours exactement le lien qui unit la chose et la personne qui emprunte ; il faut qu'il sache si et jusqu'à quel point l'emprunteur avait le droit de lui engager cette chose, ainsi que la valeur précise de l'objet sur lequel porte son gage. Or, notre législation des droits réels laisse subsister sur tous ces points une grande obscurité. Le premier danger consiste dans l'incertitude du titre même qui doit servir de base au droit du prêteur ; car rien ne constate d'une façon certaine l'état de la propriété foncière et le transport des droits de propriété. L'immeuble peut être grevé de charges de toute nature, qui en diminuent considérablement la valeur, et, par suite, celle de la garantie que le prêteur doit trouver dans l'hypothèque : or, les moyens manquent pour s'assurer de l'existence ou de la non-existence de ces charges. Ce n'est pas tout, si le créancier doit voir dans l'hypothèque une garantie pour ses capitaux, il faut qu'il soit certain que son gage ne périra point par suite de droits accordés à d'autres et qu'il n'a pu connaître. Or, dans l'état actuel de notre législation, les mineurs et les femmes ont une hypothèque primant toutes les autres, sans que les créanciers aient aucun moyen de s'en garantir. De cette incertitude du gage des prêteurs, il résulte nécessairement que ceux qui consentent à courir ces risques ne le font qu'à la condition de trouver dans un revenu plus considérable une sorte d'indemnité. De là, une prime d'assurance qui vient s'ajouter, dans les prêts hypothécaires, au taux naturel de l'intérêt.

Qu'en résulte-t-il ? C'est que le propriétaire ne possède pas un crédit correspondant à l'importance de son avoir immobilier ; c'est que l'on ne peut ni acheter, ni prêter avec sécurité, sans accomplir des formalités longues et dispendieuses, sans s'entourer d'un luxe de précautions qui témoigne de l'imperfection de la loi générale.

Le titre des hypothèques, si on l'envisage du point de vue du crédit territorial, est tellement défectueux, il fait tellement disparate avec le magnifique ensemble du Code civil, que, dans les pays du Nord, où le régime hypothécaire protége efficacement le crédit de la propriété, des jurisconsultes éminents pensent que le législateur français a eu le dessein prémédité d'éloigner les capitaux des prêts sur immeubles, pour les diriger vers les spéculations commerciales.

Sans doute, cette supposition est inexacte; mais ne suffit-elle pas pour nous mettre en garde contre un régime qui semble prendre à tâche de compromettre les intérêts des créanciers, et de rendre onéreux les emprunts qu'il n'empêche pas?

Ne nous étonnons donc point si depuis longtemps les efforts des jurisconsultes et des économistes sont dirigés vers une refonte plus ou moins complète du titre XVIII du livre III du Code civil. Les uns adoptent les idées fondamentales qui ont inspiré les dispositions admises par Napoléon et par le Conseil d'État, mais ils indiquent d'utiles améliorations de détail; ils reconnaissent l'insuffisance et les vices de la législation actuelle.

Les autres vont plus loin; ils ne se contentent pas d'une révision partielle, ils veulent une refonte totale de notre régime des droits réels; ils demandent l'application rigoureuse du principe de la publicité à toutes les charges qui grèvent les immeubles.

Nous le déclarons dès l'abord, c'est sous ce drapeau que nous avons marché, depuis dix ans que nous essayons de fournir à la discussion de ce vaste problème notre modeste contingent. L'ecclectisme des rédacteurs du Code civil, qui ont voulu concilier des principes qui s'excluent réciproquement, la clandestinité de certains droits réels, et la garantie des créanciers hypothécaires, cet ecclectisme les a mal servis; ils ont tenté une œuvre impossible, ils devaient y échouer.

Le régime hypothécaire français sollicite une révision sérieuse; mais, quelle que soit notre conviction à cet égard, nous ne saurions dissimuler non plus tout ce qu'il y a de grave dans une pareille entreprise. Une loi qui fonctionne depuis quarante années, qui est passée dans les habitudes du pays, dont la sagesse des tribunaux a su corriger les imperfections, en fixant le sens des dispositions douteuses ou incomplètes, une loi qui touche à des intérêts si nombreux, ne saurait être modifiée, à moins qu'une nécessité absolue n'appelle l'intervention du législateur. Il faut que la grandeur du but que l'on se propose d'atteindre serve d'excuse à une pareille entreprise.

Le régime hypothécaire touche aux intérêts les plus élevés de la société, il soulève les problèmes économiques les plus féconds; si l'on prétend arriver à fonder un véritable crédit territorial, à ouvrir le grand-livre de la propriété foncière, comme on a ouvert le grand-livre de la dette publique et avec les mêmes avantages, il faut jeter la loi dans un moule nouveau.

Conçue dans un autre esprit, la réforme hypothécaire pourrait présenter plus de danger que d'utilité. La jurisprudence a déjà suppléé à l'imprévoyance du législateur; une longue pratique a fourni les moyens d'obvier à beaucoup d'inconvénients. Toucher aux dispositions existantes, alors qu'elles commencent à être mieux assises dans l'application, ce serait soulever des difficultés nombreuses, et susciter l'esprit de chicane, dont les ressources commençaient à s'épuiser de ce côté.

C'est chose grave, avec le mode de nos délibérations parlementaires, que de livrer un titre du Code civil aux hasards de la discussion des Chambres. On ne doit s'y résoudre que si un grand intérêt le commande ; mais alors, répudiant les moyens termes, les demi-mesures, on doit opérer une réforme en harmonie avec l'état économique de la société.

Certes, aucune matière n'exerce autant d'influence sur la prospérité du pays que la constitution du crédit territorial ; les questions de production et de douanes s'y rattachent d'une manière intime. Mais pour asseoir le crédit du sol sur une base inébranlable, pour permettre les combinaisons qui donneraient aux propriétaires des capitaux à long terme et à bon compte, il faut d'abord proscrire toutes les charges occultes, et mettre au grand jour le bilan sincère des immeubles.

Quand on place son argent sur hypothèque, on prête, avons-nous dit, à la chose et non à la personne ; on considère le bien-fonds isolément, on l'individualise en quelque sorte ; le propriétaire qui emprunte n'en est que l'image vivante ; on s'assure avant tout du lien qui autorise cette espèce de représentation, et puis, sans s'inquiéter des ressources ou des charges personnelles de l'individu, on dresse le bilan de la chose.

Pour que le prêteur sur hypothèque soit à l'abri de toute méprise, dans le travail préliminaire auquel il se livre, il faut qu'il soit à même de connaître :

1° La nature du lien qui unit l'individu avec lequel il stipule et la chose sur laquelle ce dernier confère des droits ;

2° Tout ce qui peut diminuer la valeur de l'immeuble ;

3° Le montant des obligations dont celui-ci est déjà grevé.

Ces trois conditions une fois remplies, rien ne sera plus facile que de calculer, avec une exactitude mathématique, l'étendue de la garantie offerte. Le créancier obtiendra la sûreté de son payement par la solvabilité certaine de *l'immeuble*, et le débiteur, considéré uniquement comme le représentant du bien-fonds, conservera l'usage facile de tout le crédit que la part non affectée par l'emprunt doit lui procurer. Il est donc nécessaire d'environner de la plus grande publicité le bilan de la propriété et les mutations immobilières ; autrement le crédit foncier perd son type particulier. Une réforme complète de notre législation hypothécaire doit précéder tout essai de large organisation du crédit du sol.

Les vices principaux du système actuel, sont :

1° L'absence d'une formalité extérieure, destinée à opérer la translation des droits de propriété à l'égard des tiers ;

2° Le défaut d'inscription des charges qui diminuent la valeur de

l'immeuble, telles que servitudes, droits d'usage, d'habitation, d'u-
sufruit, etc. ;

3° L'existence de priviléges et d'hypothèques légales, sans inscription pour une somme déterminée.

L'expérience de la loi de brumaire an VII, et l'exemple des codes
hypothécaires de l'Allemagne, ont rallié presque tous les jurisconsultes au système de publicité, appliqué à la translation des droits immo-
biliers et aux démembrements qui peuvent les mutiler. Le principe
une fois admis, il serait facile d'en régler les conséquences, et de dresser l'état civil des propriétés foncières.

L'extrême division des fortunes rendrait fort coûteuse, en France,
l'introduction de la régularité observée dans les livres hypothécaires
allemands, qui ont des feuillets distincts consacrés à chaque propriété.
Mais en formant un répertoire indicatif des immeubles, et au moyen
de simples renvois aux inscriptions, faites les unes à la suite des autres, par ordre de dates, dans le registre hypothécaire, on atteindrait
le même but.

Le point sur lequel il se manifeste une vive opposition contre l'introduction d'une règle de publicité uniforme et inflexible, c'est la
suppression des hypothèques légales des femmes et des mineurs. Le
plus illustre de nos jurisconsultes, M. le conseiller Troplong, et un jeune
professeur de la Faculté de droit d'Aix, homme d'un mérite distingué,
M. Alban d'Hauthuille, se font surtout remarquer par la vivacité avec
laquelle ils ont pris en main la défense des principes du Code civil,
sous ce rapport.

Quelque imposante que soit l'autorité de pareils contradicteurs, nous
ne saurions nous rendre aux raisons qu'ils ont développées avec un talent
supérieur. Qu'il nous soit permis, sans entrer dans un débat appro-
fondi, qui dépasserait les limites et la spécialité du *Journal des Économistes*, de rappeler en peu de mots ce que nous avons dit ailleurs
pour demander la suppression des hypothèques légales, en y ajoutant
quelques considérations nouvelles.

C'est vouloir abdiquer toute pensée sérieuse de fixer le bilan des
immeubles, que d'admettre une exception qui absorbe la règle de la
publicité, ou qui du moins fait toujours redouter cette absorption. La
notoriété des charges qui grèvent le sol peut seule être la base d'un
véritable crédit foncier; vouloir l'établir, en subissant l'existence d'o-
bligations occultes, c'est associer des idées qui s'excluent réciproquement, c'est poursuivre une chimère.

Les hypothèques légales, telles que notre Code les consacre, détrui-
sent toute idée de publicité; elles frappent d'une sorte d'interdiction
la majeure partie du sol, sans garantir efficacement les intérêts des
incapables, à la sûreté desquels tout a été sacrifié.

La suppression des hypothèques légales nous paraît impérieuse-
ment commandée, non-seulement par les intérêts du crédit foncier,

mais par les intérêts même des femmes et des mineurs. La situation économique de la France s'est profondément modifiée depuis quarante ans. La fortune mobilière, dont les rédacteurs du Code se sont trop peu occupés, s'est rapidement accrue ; elle commence à balancer en importance la fortune immobilière à laquelle tout se trouve sacrifié. M. Michel Chevalier l'a fait observer avec raison, nos lois ont trop été taillées sur le patron de la société romaine ; l'industrie et le commerce y réclament une place proportionnée à leur importance actuelle.

Pour en revenir à la question particulière des hypothèques légales, nous ne serons contredits par personne, quand nous dirons qu'il y a maintenant, parmi les maris et les tuteurs appelés à répondre de la gestion des biens des incapables, au moins autant d'hommes propriétaires de capitaux, que de propriétaires d'immeubles ; l'avenir ne peut que fortifier encore cette position en contrariant de plus en plus les prévisions du Code, car la fortune mobilière est destinée à grandir sans cesse.

La loi donne dans un cas une protection, que nous croyons illusoire ou superflue ; elle la refuse dans l'autre. Or, si l'intérêt des femmes et des mineurs à qui l'on sacrifie les prêteurs, et par conséquent le crédit foncier, si cet intérêt est tellement puissant qu'il faille faire plier devant lui tous les autres, et le sauvegarder à tout prix, la loi est injuste et aveugle, car elle est incomplète : elle abandonne, sans garantie aucune, des intérêts sacrés, alors qu'elle déshérite d'une protection nécessaire les femmes et les mineurs dont les maris et les tuteurs ne possèdent pas d'immeubles. Il faut tenir la balance égale entre tous ceux qui réclament au même titre l'appui du législateur ; il faut s'occuper d'une loi générale et uniforme sur l'administration des biens des incapables, d'une loi qui ne saurait recourir au remède de l'hypothèque légale, à cette espèce de panacée universelle du Code civil, puisque la plupart du temps un pareil droit manquerait maintenant d'assiette. Se borner à régler les rapports civils, en s'appuyant uniquement sur l'avoir immobilier des maris et des tuteurs, c'est commettre un véritable anachronisme. Malheureusement ce n'est point là le seul vestige de cette préoccupation exclusive du passé, qui rend l'admirable ensemble de nos Codes si défectueux dans certaines parties. Les faits se sont déplacés, de nouveaux intérêts ont surgi, les doctrines économiques surtout ont marché, et, sous ce point de vue, une prochaine révision de plusieurs de nos lois est devenue indispensable.

En ce qui touche les intérêts des incapables, la question a été mal posée ; elle ne pouvait donc qu'être mal résolue. La sûreté de la femme et du mineur doit-elle être préférée à celle des acquéreurs et des prêteurs ? Tel est le point unique autour duquel a gravité la discussion du Conseil d'Etat. Au lieu de songer à garantir séparément des intérêts également sacrés, le législateur eut le tort de les mettre aux prises, de leur faire en quelque sorte livrer bataille. En dernier résultat, il a sacrifié le crédit foncier, sans pourvoir d'une manière satisfaisante à la défense des droits des incapables.

Dans un article publié au mois de mai 1829 dans la *Revue française*, article attribué tour à tour à M. le duc de Broglie et à M. Rossi, et digne de tout point de la renommée de ces illustres publicistes, on rencontre une appréciation aussi exacte qu'élevée des difficultés qui naissent de la solution admise par les rédacteurs du Code civil. Nous ne saurions résister au désir de citer un passage de ce travail remarquable.

« Les rédacteurs du Code civil, dit l'auteur de l'article inséré dans la *Revue française*, se trouvaient placés à la fois sous l'influence de ces idées[1] et de nouvelles exigences sociales, entre l'intérêt général et des intérêts spéciaux, entre des principes d'une portée inégale. Au lieu d'essayer une conciliation des divers intérêts qui se trouvaient en présence, il les ont forcés à une transaction au préjudice du plus grand nombre. Au lieu d'étendre l'application du principe de la publicité à tous les droits de même nature, ils l'ont bornée à ceux dont la clandestinité paraissait le plus nuisible. Il y a ainsi des droits réels rendus publics et des droits qui demeurent occultes, des faits de propriétaire criés sur les toits, et d'autres faits du même propriétaire, sur les mêmes biens, accomplis dans le mystère... En un mot, on est parti d'un principe fécond, pour n'en tirer que des conséquences incomplètes et partielles ; les autres conséquences, on les a sacrifiées à des principes secondaires. C'est là en effet l'expédient le plus simple, mais c'est aussi le plus fâcheux. Ce n'est pas ainsi que doit se montrer l'art du législateur, la prudence de l'homme d'Etat, lorsque des principes divers viennent en collision. Avant de supprimer les conséquences d'un principe pour faire place à celles d'un autre ; en d'autres termes, avant de sacrifier un devoir à un autre devoir, il vaut la peine d'examiner s'il ne s'offre pas d'expédient propre à tout concilier. Souvent cet expédient se trouve dans les formes diverses qu'on peut donner à l'application des règles générales. »

La difficulté est bien précisée, et le moyen de la résoudre se trouve nettement indiqué ; au lieu de ne recourir qu'à une seule forme, celle de l'hypothèque, pour venir en aide aux femmes et aux mineurs et pour rassurer les créanciers ; au lieu de s'exposer ainsi à déserter l'une des nécessités auxquelles on veut pourvoir à la fois, il faut laisser le régime hypothécaire en dehors de la question de l'administration des biens des incapables, et régler celle-ci sur d'autres bases.

Une bonne loi sur l'administration des biens des incapables nous paraît donc le préliminaire obligé de la réforme hypothécaire ; autrement les hypothèques légales s'opposeront à toute amélioration efficace ; si elles continuent de subsister, il faut laisser le Code tel qu'il

---

[1] De la garantie spéciale et sacrée des droits des femmes et des mineurs.

est : les bénéfices de la réforme n'en compenseraient pas les inconvénients.

Nous nous trompons fort si cette question n'est point la pierre d'achoppement de tout le système; mais puisque telle est notre conviction, nous devons insister encore sur une dernière considération.

Dans son excellent écrit *de la Révision du régime hypothécaire*, M. Alban d'Hauthuille, tout en défendant avec une rare habileté le système du Code civil, est néanmoins forcé de reconnaître :

Que pour le mineur, la garantie de l'hypothèque légale non inscrite pourrait être suppléée par d'autres précautions;

Que quant à l'hypothèque légale des femmes, celle-ci ne protége que faiblement les femmes soumises au régime de la communauté, et qu'elle ne profite guère qu'aux femmes mariées sous le régime dotal.

Nous dirons plus, l'idée de l'hypothèque légale est antipathique au régime de la communauté; car celui-ci suppose une association intime des intérêts de la femme et du mari, dans la bonne comme dans la mauvaise fortune. Pour ceux qui vivent sous l'empire de ce régime, il y a quelque chose de blessant à voir la famille enlever aux créanciers du mari le gage sur lequel ceux-ci devaient compter.

Dans le régime dotal, qui sépare la fortune des époux en associant leur existence morale, la garantie de l'hypothèque se conçoit à merveille, mais rien n'empêche qu'une inscription ne vienne révéler le droit éventuel de la femme sur les immeubles du mari. Les parents qui stipulent la conservation de la dot sont à même de stipuler la garantie de cette conservation.

Nous n'insisterons pas davantage sur ce point : ce n'est point ici le lieu d'entrer dans la discussion des questions de droit que soulève l'application du principe de l'hypothèque légale. Si nous avons entrepris la tâche de développer dans le *Journal des Économistes* quelques idées sur la réforme hypothécaire et sur le crédit foncier en reprenant et en complétant d'anciens travaux sur cette matière, nous ne voulons point oublier que cette question doit être traitée ici principalement sous le point de vue de l'économie politique.

Nous venons d'indiquer très-sommairement les points principaux auxquels la réforme hypothécaire devra s'attacher. Ce n'est pas un vain amour de régularité et de symétrie qui nous fait désirer l'application franche, complète, intégrale du système de publicité, mais bien la conviction entière que ce système n'admet point de tempérament, de transaction; ôtez-en une seule pierre, et l'édifice s'écroule en entier.

Les améliorations à introduire dans notre régime hypothécaire et dans les formes ruineuses de l'expropriation sont depuis longtemps à l'ordre du jour. La nécessité et même l'urgence d'une réforme ont été plus d'une fois officiellement proclamées.

Déjà, en 1826, Casimir Périer proposa un prix pour la solution des questions suivantes :

Quelles sont, en France, les vices et les lacunes des dispositions législatives et administratives concernant le prêt hypothécaire? Quels sont les obstacles qui s'opposent à la direction des capitaux vers cette nature d'emploi?

Quelles seraient enfin les meilleures dispositions à établir pour former sur cette partie le projet le plus complet et le plus en harmonie avec les besoins du fisc, ceux des emprunteurs, et les garanties qu'ont droit d'exiger les prêteurs?

Cet appel fut entendu; il suscita plusieurs écrits où l'on rencontre des aperçus lumineux, mais aucune solution complète de la difficulté.

Depuis lors, les travaux de MM. Troplong, Sevin, Foelix, Mongalvy, Decourdemanche, Hébert, Loreau et beaucoup d'autres, ont maintenu la question de la réforme hypothécaire à l'ordre du jour; nous y avons contribué aussi dans la mesure de nos forces. Enfin le gouvernement s'est décidé à intervenir dans le débat. Au mois de mai 1841, M. Martin (du Nord), ministre de la justice, adressa une circulaire à la Cour de cassation, aux Cours royales et aux Facultés de droit, pour demander leur avis sur la révision de la loi hypothécaire. Trois années se sont écoulées avant que toutes les réponses soient parvenues à la chancellerie; c'est l'analyse des travaux transmis par les corps judiciaires et par les écoles de droit que le gouvernement vient de livrer au contrôle de la publicité.

Si nous devions en juger d'après l'ensemble de ces documents, nous serions porté à penser qu'il faut renoncer à voir accomplir une *réforme* digne de ce nom. Tout se bornera à certains amendements rattachés aux dispositions actuelles, si tant est qu'on se décide à faire quelque chose.

Sans doute, les observations fournies au gouvernement renferment des considérations d'un ordre élevé, des aperçus justes, des indications utiles; mais nous y avons vainement cherché un système en harmonie avec le progrès des études économiques. Presque tous ceux qui se sont occupés de ce grave problème ont paru jeter l'ancre sur les faits qui se manifestaient en France au moment de la rédaction du Code civil; la transformation accomplie dans tous les rapports sociaux ne les a pas suffisamment frappés : aussi les termes dans lesquels la question se trouve posée sont encore les mêmes que ceux sur lesquels se sont épuisés le génie créateur de Napoléon et la savante délibération du Conseil d'Etat.

On a trop perdu de vue le but principal que nous devons rechercher à tout prix, l'organisation du crédit territorial. Peut-être ne sera-t-il pas inopportun de reproduire en ce moment quelques idées dont l'Académie des sciences morales et politiques a bien voulu accueillir, il y a cinq ans, la communication, et qui peuvent s'appuyer de l'autorité d'un rapport favorable présenté alors par M. Rossi. C'est surtout l'approbation manifestée par un savant du premier ordre, dont l'esprit est aussi sûr que sa science est profonde; c'est surtout le bien-veillant appui que M. Rossi a bien voulu nous prêter, qui nous raffer-mit dans notre conviction, et nous engage à exposer encore une fois un plan d'organisation qui nous semble d'une application facile et d'une puissance éprouvée.

Nous essayerons de montrer comment le crédit agricole peut se trou-ver mis en harmonie avec la nature spéciale des besoins du cultivateur, c'est-à-dire comment on arrive à transformer, d'une part, dans l'intérêt des propriétaires, les dettes exigibles en *rentes* non exigibles, et d'autre part, comment il est possible de concilier cette transformation avec les intérêts des capitalistes, en donnant à leurs titres de créance, garantis par l'hypothèque, la forme d'un papier de circulation transmissible à volonté, papier qui, malgré sa non-exigibilité, peut à tout moment être réalisé.

Mais avant que d'aborder ce nouvel ordre d'idées, il sera bon de fixer les esprits sur la situation actuelle des choses, sur l'importance et la nature de la dette hypothécaire en France.

Le document publié par le ministère de la justice renferme à cet égard des indications statistiques très-précieuses. M. Martin (du Nord) s'est adressé à M. le ministre des finances, pour lui demander des renseignements sur les charges de la propriété foncière et la puis-sance du crédit foncier. Nous résumerons ici la réponse qu'il a ob-tenue.

Les inscriptions hypothécaires non rayées ni périmées, existantes sur le registre des bureaux des hypothèques, s'élevaient au 1er juillet 1832, à 11,233,265,778 fr.; au 1er juillet 1840, elles présentaient une valeur de 12,544,098,600 fr. On n'a point fait le relevé des inscriptions actuellement existantes. Les changements survenus de-puis 1840 ne peuvent être assez considérables pour rendre nécessaire ce travail, dont les détails sont immenses; toutefois, il y a lieu de présumer que le chiffre des inscriptions s'est accru plutôt qu'il n'a di-minué.

Pour bien juger de l'importance réelle de la dette hypothécaire, il est indispensable d'en déterminer les causes et les éléments.

Le capital de 12,544,098,600 fr. qui était inscrit sur les regis-tres des hypothèques au 1er juillet 1840, comprenait pour environ 1,250,000,000 fr. de créances *éventuelles* au profit du Trésor public, des communes et des établissements publics, des femmes, des mineurs et des interdits, et de tous autres particuliers. Ces créances ont pour cause le privilége de l'Etat sur les biens des comptables publics, des hypo-thèques légales, des cautionnements, des garanties d'éviction, etc.; l'intérêt ni le capital ne sont exigibles; on ne peut donc les considé-rer comme une charge qui diminue le revenu de la propriété foncière. Les inscriptions concernant des créances *actuelles* et *liquides* se rédui-sent ainsi à environ 11,300,000,000 fr.

Il est vrai que toutes les créances actuelles et liquides ne sont pas inscrites sur les registres des hypothèques, soit par suite de la confiance des prêteurs et de la solvabilité notoire des débiteurs, soit à cause de la quotité peu élevée des prêts. Mais, d'un autre côté, il est beaucoup de créances qui sont remboursées et dont les inscriptions continuent d'exister. Les propriétaires, pour ne pas faire les frais d'une quittance et d'une radiation, les laissent s'éteindre par la péremption. — L'administration pense qu'il y a, sous ce rapport, au moins compensation.

Le chiffre de 11 milliards 300 millions, donné à la dette hypothécaire actuelle et liquide, est encore fort élevé ; M. le ministre des finances cherche à calmer les appréhensions que cette dette énorme peut faire naître. « Si on remonte, dit-il, à l'origine des créances, si on s'enquiert de la destination et de l'usage des capitaux garantis par l'hypothèque, on pourra reconnaître que cette dette n'a réellement rien d'alarmant ; que, loin d'accuser un état de gêne et de malaise de la propriété foncière, elle est la conséquence naturelle des progrès de l'industrie, de l'activité du travail et de l'immense développement des transactions immobilières. »

Dans les huit années écoulées du 1er juillet 1832 au 1er juillet 1840, le chiffre des inscriptions hypothécaires s'est accru de plus de 1,300 millions. La remarque en a été faite à la tribune de la Chambre des députés ; en même temps on s'est étonné que cet accroissement se soit opéré durant la période *où la France a eu le plus de tranquillité, où les récoltes ont été le plus abondantes et où le commerce a été le plus prospère.* L'administration prétend que l'étude réfléchie des faits lui a démontré que si, dans l'intervalle de 1832 à 1840, la dette hypothécaire a augmenté de 1,300 millions, si depuis 1840, elle a fait de nouveaux progrès, c'est précisément parce que tous les éléments de la prospérité matérielle se sont développés à l'ombre de la paix extérieure et intérieure. Voici la théorie qu'elle développe à cet égard : trois causes principales donnent naissance aux inscriptions hypothécaires : les transmissions d'immeubles, les besoins de l'industrie et du commerce, les améliorations agricoles. De ces causes, la plus active, la plus féconde, c'est, sans comparaison, la première. Les transmissions d'immeubles à titre onéreux alimentent l'hypothèque de deux manières : d'abord, par l'inscription du privilége du vendeur, qui est faite d'office par le conservateur, lors de la transcription du contrat du vente ; ensuite, par les emprunts hypothécaires que les acquéreurs contractent ultérieurement pour payer le prix d'acquisition. Depuis dix à douze ans, les transmissions de cette nature suivent une marche constamment ascendante ; le mouvement des valeurs qu'elles opèrent chaque année n'était, en 1831, que de 1,097,000,000 fr. ; il s'est élevé en 1840 à 1,482 millions ; en 1841 à 1,520 millions ; en 1842, il a dû approcher du chiffre de 1,600 millions [1] ; il l'a dépassé probablement de 50 millions en 1843.

[1] Ce sont là les chiffres officiels résultant des prix exprimés dans les contrats de vente ;

Il est vrai que toutes les ventes ne sont pas présentées à la transcription au bureau des hypothèques; cependant les prix des ventes transcrites en 1842 donnent une somme de 882 millions; il est permis de supposer que le montant des inscriptions faites d'office pour garantie du privilége des vendeurs n'a pas été beaucoup inférieur à cette somme. D'un autre côté, les emprunts hypothécaires s'élèvent, par année, à plus de 500 millions, et, suivant le témoignage unanime des conservateurs des hypothèques et des préposés de l'enregistrement, c'est un fait qui peut être considéré comme certain, qu'une grande partie de ces emprunts (les trois quarts dans quelques départements), est employée à payer les termes échus du prix d'acquisitions antérieures d'immeubles. On peut, d'après ces éléments, calculer l'énorme tribut que les transmissions immobilières à titre onéreux apportent chaque année au livre des hypothèques. Sans prétendre donner une évaluation même approximative, l'administration dit qu'elle ne serait pas étonnée si les deux tiers des inscriptions de droits actuels et liquides devaient leur existence à cette cause.

De quelque source que proviennent les inscriptions, elles n'en imposent pas moins au propriétaire foncier un service d'intérêts qui l'écrase, quand le loyer du capital n'est pas en rapport avec le produit de la terre. Or, nous le verrons tout à l'heure, l'administration, qui ne peut connaître que la surface extérieure des transactions, qui s'en tient au taux stipulé dans les actes sans faire entrer en ligne de compte les *suppléments* déguisés sous diverses formes, reconnaît que l'emprunt à 5 pour 100 est le plus habituel. Ce chiffre excède de beaucoup le niveau régulier de l'emploi actuel des capitaux, il impose au sol une servitude onéreuse.

Suivant l'administration, les causes des nombreuses mutations dont la propriété foncière est l'objet, sont les suivantes :

L'abondance des capitaux créés par l'industrie et le commerce, et qui se consolident en immeubles; la division du sol, qui accroît le nombre des propriétaires et multiplie les transactions; l'élévation de la valeur en capital des biens ruraux, proportionnellement au revenu net; par suite, la tendance de la propriété, petite et moyenne, à sortir des mains du simple propriétaire, qui ne perçoit que la rente, pour se classer dans celles du cultivateur, qui cumule les bénéfices du propriétaire, du fermier et même parfois de l'ouvrier; la spéculation des ventes en détail, qui met la propriété à la portée de l'ouvrier des campagnes, pour qui elle fait office de caisse d'épargne; l'abondance des récoltes, les entreprises des travaux d'utilité publique, qui élèvent le taux des salaires et répandent le numéraire dans les communes ru-

mais on sait que ces prix sont presque toujours atténués pour diminuer les droits d'enregistrement. On peut, sans exagération, évaluer à 2 milliards le mouvement des valeurs opéré annuellement par les ventes d'immeubles.

rales ; la sollicitude du gouvernement et des administrations locales pour l'amélioration des voies de communication, etc.

Nombre d'hommes distingués voient de mauvais œil le crédit territorial, ils en contestent l'utilité : *n'empruntez jamais,* disent-ils aux cultivateurs; et ils ont raison dans les circonstances actuelles, car les conditions auxquelles les emprunts hypothécaires se réalisent ne permettent pas le plus souvent d'employer le capital qu'ils procurent en améliorations agricoles ; mais les renseignements que nous venons de reproduire semblent fournir un puissant argument en faveur de l'utilité d'un crédit ouvert aux propriétaires, puisque le mouvement des transactions appelle de plus en plus ceux-ci à exploiter par eux-mêmes et, par conséquent, à faire profiter le sol des emprunts qu'ils pourraient contracter à des conditions tolérables. Le nombre des propriétaires *oisifs* diminue; ils sont expulsés des fonds qui leur appartenaient, et cette expulsion s'opère non par des moyens violents, mais par des ventes faites à un prix élevé. Semblables aux poëtes que Platon faisait sortir de sa république couronnés de fleurs, c'est chargés d'écus qu'ils quittent leurs domaines ; mais enfin ils les quittent, et la propriété du sol reflue vers ceux qui le fécondent par le travail.

Déjà, malgré les entraves d'un mauvais régime hypothécaire, malgré l'absence d'une constitution du crédit appropriée à la position spéciale des propriétaires fonciers, les améliorations agricoles contribuent dans une certaine mesure à l'accroissement des inscriptions hypothécaires. Si la charge qu'impose cette sorte d'emprunts se trouve compensée par l'augmentation des produits de la terre, il est à croire que cette sage et utile direction serait donnée à des valeurs bien autrement considérables sous l'empire d'une meilleure organisation du crédit.

Quand on met en avant le chiffre de 12 milliards de dettes hypothécaires pour montrer que le sol a reçu l'assistance des capitaux dont il avait besoin, on se trompe sur la nature de ces capitaux ; une faible portion, peut-être pas le sixième, a reçu une destination utile à l'amélioration des cultures. Le reste se répartit entre les charges qui proviennent des acquisitions territoriales et d'autres spéculations. En effet, les besoins de l'industrie et du commerce concourent également à élever le chiffre des charges hypothécaires. La propriété foncière est un instrument de crédit en même temps que de production. L'hypothèque procure des capitaux aux industries naissantes; elle vient au secours de celles qui souffrent, dans les instants de crise commerciale ; ceci s'applique surtout au département de la Seine, où les inscriptions des créances actuelles et liquides s'élevaient, au 1er juillet 1840, à 1 milliard 67 millions.

L'établissement d'un véritable crédit foncier aurait deux résultats : il permettrait de *convertir* une dette qui dépasse 11 milliards, en allégeant le service des intérêts dont elle grève le sol; il dirigerait une plus grande masse de capitaux vers les améliorations agricoles.

La progression de la dette hypothécaire est constante, et M. le ministre des finances a raison de ne pas considérer ce fait comme une preuve de la ruine des propriétaires. La valeur des terres s'est rapidement accrue; il est donc naturel que les inscriptions pour soultes de partages ou pour reliquats de prix de vente soient devenues plus considérables. Si le chiffre de la dette marquait un mouvement plus prononcé des capitaux à se porter sur le sol, nous y verrions un argument en faveur de l'état des choses actuel, mais nous savons maintenant qu'il n'en est rien, qu'une faible portion des dettes contractées se transforme seule en instruments supplémentaires du travail agricole.

La faute en est au taux trop élevé de l'intérêt; l'intérêt stipulé généralement dans les contrats de prêts hypothécaires est de 5 pour 100, sans parler des frais et des clauses secrètes. Les placements à 4, 4 et demi, 4 trois quarts pour 100, inconnus dans un grand nombre de départements, sont rares dans les autres; ils sont exceptionnels même dans les villes où les capitaux sont très-abondants, comme Marseille, Lyon, Strasbourg, Nantes, Rouen, Paris; c'est l'administration de l'enregistrement et des domaines qui le dit, et elle est bien placée pour le savoir.

Lorsque l'on contracte un emprunt, en échange du capital qu'on reçoit, et en quelque sorte en reconnaissance du service rendu par le capitaliste, il faut payer à celui-ci une certaine redevance annuelle, un certain *intérêt*. Dans les cas ordinaires, le taux de l'intérêt se proportionne aux résultats que l'on espère obtenir de l'emploi du capital; il se conclut entre le capitaliste et l'emprunteur une sorte de société dans laquelle le premier prend une part équivalente aux bénéfices résultant de l'instrument de travail qu'il a fourni, en confiant la libre disposition de son capital.

Appliqués à l'agriculture, ces principes conduisent nécessairement à cette conclusion, que l'intérêt du capital, pour être juste et équitable, doit être en équilibre avec le revenu de la terre. Or, il n'en est pas ainsi, bien loin de là; au taux naturel de l'intérêt, il faut que le propriétaire ajoute une certaine somme, véritable prime d'assurance représentant pour le capitaliste les dangers et les embarras du placement; il en résulte que les emprunts hypothécaires, loin d'améliorer la position de l'agriculteur, sont trop souvent et fatalement pour lui une cause de ruine.

Pourquoi l'équilibre ne s'établit-il pas ici entre l'intérêt et les bénéfices que le capital sert réellement à créer? Pourquoi, quand partout ailleurs le taux de l'intérêt tend à se rapprocher de ce niveau et se trouve en continuelle décroissance, s'est-il maintenu constamment en moyenne, pour les emprunts hypothécaires, et d'après les évaluations les plus modérées, au taux évidemment exagéré de 6 à 7 pour 100? Divers motifs concourent à ce résultat; ils peuvent se réduire en deux

2

catégories générales : les unes tiennent aux vices de la législation en cette matière, et l'on peut y remédier par une révision de la loi hypothécaire ; les autres tiennent à l'essence même, à la forme du prêt hypothécaire, et leur seul remède est dans l'organisation du crédit foncier.

La France est un pays agricole, au moins autant qu'industriel et commercial ; aussi la prospérité publique est-elle grandement intéressée à la prospérité de l'agriculture, qui paye à elle seule, et sous forme d'impôt direct, près du quart du budget.

D'après l'état A annexé au budget des recettes de l'exercice 1843, l'impôt foncier s'élève à 271,036,940 francs, savoir :

Pour dépenses générales.	188,773,200 fr.
Pour dépenses départementales	51,453,650
Pour dépenses communales	27,123,870
Pour secours, non-valeurs et réimpositions.	3,686,220
Total pareil.	271,036,940 fr.

Dans ce total, le principal de l'impôt entre pour 157,411,000 fr., et les accessoires pour . . . . 113,625,940 fr.

S'il est impossible de songer aujourd'hui a un dégrèvement direct de la propriété, c'est une raison de plus pour tourner un regard attentif vers les améliorations que réclame la position de vingt-cinq millions d'habitants.

L'imperfection de nos lois a semblé conspirer avec les exigences fiscales pour déprimer l'essor naturel de l'agriculture. Les propriétaires, quoi qu'on ait pu prétendre, manquent pour la plupart des capitaux nécessaires, ou ne les obtiennent qu'à de dures conditions. L'agriculture, qui achète chèrement le concours des capitalistes, ne saurait produire à bon marché, et le contre-coup de ce malaise se fait sentir dans toutes les branches de l'industrie.

Si des ressources abondantes venaient féconder le sol, à des conditions meilleures ; si, en même temps, des voies de communication perfectionnées faisaient circuler facilement les matières premières et les produits des manufactures, la plupart des questions financières qui tourmentent notre époque toucheraient à leur solution. Tant que les données actuelles du travail agricole n'auront pas été modifiées en France, on pourra pallier les vices de nos lois de douane, on ne pourra pas les extirper. Mais, vienne une révolution financière, qui fasse baisser d'une manière notable le loyer des capitaux placés sur immeubles ; vienne la réalisation des plans conçus pour faciliter et multiplier les transports, et le problème sera moins rebelle aux efforts des hommes d'Etat.

Depuis quelques années, l'attention générale se porte sur les canaux, sur les chemins de fer, destinés à modifier profondément les rapports sociaux, à donner une impulsion féconde à la production et à la consommation. Bien que des circonstances passagères aient paru imposer un temps d'arrêt à ce mouvement de progrès, les embarras du moment disparaissent et feront bientôt place à un riche déploiement de forces, fruit heureux de l'alliance, chaque jour plus intime, entre la puissance collective de l'Etat et l'activité individuelle.

Le vieux système d'un *laissez faire* mal entendu s'efface aussi bien que les prétentions de monopole gouvernemental ; on commence à comprendre que si le pouvoir social ne doit pas tout faire par lui-même, il y a danger à ce que son influence tutélaire se retire. Avec la centralisation, qui fait la gloire et la force de la France, le gouvernement ne saurait abdiquer sans péril l'impulsion qu'il lui appartient de donner ; son rôle consiste à intervenir dans toutes les questions de haute portée, pour aplanir les obstacles, au moyen d'une généralisation hardie, d'une conception puissante. Le service que l'exécution des travaux publics a demandé à l'Etat, celui-ci peut le rendre également à la propriété foncière, en relevant le crédit du sol, en lui assurant, à bon compte, l'aide de riches capitaux. Telle est du moins la pensée que nous avons conçue et que nous essayerons de développer. Les idées qu'il nous arrivera d'émettre ont été, pour la plupart, déjà réalisées dans d'autres pays ; l'honneur de la création ne nous appartient donc pas ; le rôle qui nous est dévolu est plus modeste, mais aussi moins dangereux : nous bornons notre ambition à rechercher le mode le plus convenable pour appliquer à la France un système dont une longue pratique a démontré ailleurs les avantages. Le plan dont nous voulons retracer les principaux linéaments, et que nous avons eu l'honneur d'exposer, il y a cinq ans, devant l'Académie des sciences morales et politiques, est l'application fidèle des principes mis en œuvre dans plusieurs États de l'Allemagne et en Pologne, avec les modifications et les améliorations que commande et que permet la constitution politique et sociale de la France.

Il ne s'agit donc pas ici de risquer les mécomptes que des théories fraîchement élaborées font naître trop souvent, mais d'imiter un système qui fonctionne ailleurs, et dont les rouages sont éprouvés par le temps. La crainte d'une innovation hasardeuse ne saurait donc se présenter, et nous nous en félicitons, car cette crainte a son côté légitime. Si le physicien, le chimiste peuvent multiplier des expériences hardies sur la matière inerte, le législateur est tenu à une prudence plus réservée ; il opère dans le vif, et le corps social saigne à chaque essai inhabile.

Reconstituer le crédit foncier sur d'autres bases, le faire participer aux avantages du crédit public, et le relever ainsi de l'état d'infériorité où il se trouve placé vis-à-vis du crédit commercial et du crédit public ; mettre partout les capitaux en présence des besoins, leur procurer un placement commode et solide ; tel est le but que se sont proposé les associations territoriales de Prusse et de Pologne, et qu'elles ont complétement atteint.

Pour faire entrer la France dans cette voie, il ne suffit pas de réformer la loi hypothécaire ; le prêt sur immeubles est affecté dans son essence d'inconvénients qui empêcheront toujours les capitaux de se diriger résolument de ce côté, à moins qu'une ingénieuse combinaison ne modifie la forme et la nature de ce placement. Quelques mots suffiront pour le faire comprendre. Le capitaliste, avant de consentir un prêt, recherche deux choses : la sûreté du capital et des intérêts, et la plus grande facilité possible de rentrer dans ses fonds en cas de besoin. La première de ces conditions est remplie par le propriétaire foncier, détenteur d'un héritage dont les revenus sont assurés ; il suffit pour cela d'organiser un bon régime hypothécaire. Mais, en ce qui concerne la deuxième condition, les intérêts du propriétaire sont directement opposés à ceux du capitaliste. En effet, tandis que l'*exigibilité* de la créance est pour le capitaliste une condition essentielle sans laquelle il cesse, à vrai dire, d'être le maître de son capital, pour le propriétaire, la nécessité de rembourser au gré du créancier n'est pas seulement un embarras, elle est en contradiction flagrante avec la nature même de la propriété foncière. Un capital dépensé pour améliorer un fonds ou pour l'acquérir n'existe plus comme capital et ne rentre plus sous cette forme dans les mains qui l'ont employé. A l'aide de circonstances favorables et de l'économie, le débiteur pourra compenser la charge de l'emprunt par l'accroissement des revenus de son fonds ; mais dans aucun cas il ne saurait à point nommé retirer du sol le capital employé pour le restituer au prêteur. Toute demande de remboursement intégral le met donc dans une position difficile, à laquelle il ne peut échapper qu'à la condition de n'avoir à fournir sur les revenus du fonds que les intérêts annuels et une certaine somme pour l'extinction successive de la dette.

L'industrie agricole absorbe irrévocablement les capitaux qu'on y engage, et ce n'est qu'au moyen d'un revenu lent et peu considérable, mais régulier et pour ainsi dire éternel, qu'elle fait successivement rentrer dans les avances. Aussi, imposez au propriétaire la dure nécessité du remboursement de tout le montant de l'emprunt, à terme fixe et rapproché, et il aura raison de renoncer à toute tentative d'amélioration, car ces entreprises nécessitent un crédit à long terme et des facilités pour le payement.

Les améliorations qu'on introduit dans la culture, les landes qu'on défriche, les marais qu'on dessèche, les bois qu'on plante, les prairies qu'on arrose, s'adjoignent pour ainsi dire les capitaux employés à aider l'activité naturelle du sol. Ici on ne rencontre point cette rapide transformation du fonds de roulement, qui donne tant de vivacité aux opérations commerciales ; les bénéfices, plus assurés et plus constants que ceux des entreprises industrielles, ne s'élèvent que rarement au taux de ces derniers ; aussi l'intérêt que le commerce pourra payer sans peine écrasera la propriété foncière ; aussi le remboursement du capital, facile au marchand, au manufacturier, n'est-il que trop souvent une cause de ruine pour le propriétaire.

Mais supposez celui-ci placé dans les mêmes conditions de crédit que l'État; qu'il emprunte pour de longues années, à bas prix, et ne se libère que par fractions successives, au moyen d'un amortissement modéré; alors les capitaux qui affluent à la Bourse iront féconder le sol et feront décroître rapidement le taux de l'intérêt.

Est-ce donc une utopie que de prétendre faire marcher le crédit foncier de pair avec le crédit public? Loin de là, on comprend difficilement la supériorité actuelle de celui-ci. Le sol ne présente-t-il point le gage le plus assuré? et la régularité même qui préside aux résultats ordinaires de l'exploitation, ne fournit-elle pas la certitude d'un service régulier des intérêts? La garantie morale de l'État ne saurait l'emporter sur la garantie matérielle de l'immeuble ; et quant à un remboursement prochain et intégral, le Trésor ne s'y oblige jamais. Le crédit public n'est basé que sur la sécurité que donne le payement exact des arrérages de la rente, et sur la facilité de circulation d'un titre connu de tous, dont chacun est à même, à la simple inspection, d'apprécier la valeur intrinsèque.

Le crédit foncier est-il condamné à renoncer à la rapidité dans les transactions, à la commodité dans les recouvrements? doit-il demeurer toujours une machine lourde et pesante comme le sol lui-même? Nous espérons démontrer le contraire ; une combinaison aussi simple que rationnelle suffit pour rendre l'engagement des propriétaires d'immeubles aussi sûr, aussi puissant que l'engagement de l'État. Payement exact des intérêts, solidité de placement, facilité des transferts, fractionnement volontaire des capitaux, tous ces avantages se rencontrent dans un *grand-livre de la propriété foncière,* ouvert à l'instar du *grand-livre du crédit public.*

Les tentatives faites jusqu'ici, en France, pour venir en aide aux propriétaires fonciers, prédisposent mal les esprits pour le projet que nous poursuivons. La banque territoriale, la caisse hypothécaire ont échoué, et la terreur superstitieuse qu'excite généralement le seul nom de la loi de messidor an III, forme un précédent fâcheux : c'est que ces divers essais ont faussé, par une application incomplète et erronée, le principe de la mobilisation du crédit foncier; c'est que la loi de messidor, surtout, a voulu battre monnaie avec les immeubles, au lieu de créer une rente consolidée de la propriété territoriale, d'ouvrir à celle-ci, comme nous essayerons de le faire, un grand-livre entièrement analogue au grand-livre de la dette publique.

Dans ces derniers temps, on a vainement tenté de pallier, de tourner en quelque sorte les vices de la loi, en essayant de donner aux titres hypothécaires une forme qui permette de les faire circuler par voie d'endossement. C'est là un expédient tout à fait insuffisant : l'endossement ne sert pour ainsi dire que de véhicule à un effet dont la valeur intrinsèque doit être connue de tous, acceptée par tous. Si, au contraire, le titre hypothécaire conserve son caractère individuel, s'il nécessite, pour être apprécié, des vérifications nombreuses, on aura beau le lancer dans la circulation, il demeurera inerte, immobile. Dans la lettre de change, chaque signature d'endosseur ajoute une garantie nouvelle aux garanties précédentes : *vires acquirit eundo*. Il en est autrement du titre hypothécaire ; car lorsqu'il s'agit de cette sorte de placement, c'est *la solvabilité* seule de l'immeuble que l'on considère, et non la solvabilité personnelle des débiteurs ; et d'ailleurs, l'on ne pourrait pas déclarer les endosseurs d'un titre hypothécaire garants solidaires du payement, comme les endosseurs d'un effet de commerce. C'est ce que M. d'Hauthuille a parfaitement démontré.

Pour que les titres hypothécaires circulent comme les inscriptions de rente, pour qu'ils aient un cours public, il faut généraliser la garantie qu'ils offrent, il faut les rendre identiques, égaux en valeur les uns aux autres, et par conséquent les ramener sous le niveau d'une émission commune ; alors leur caractère intrinsèque sera modifié, et non-seulement ils prendront place dans la circulation comme valeurs endossables, sans garantie, mais encore comme titres *au porteur*.

La lenteur des procédés de l'exploitation agricole exige qu'on traite le crédit foncier avec de grands ménagements. Comment concilier cette réserve avec la facilité de réalisation des titres d'emprunt ? comment procurer un placement prompt, commode, aux sommes de toutes valeurs, ainsi que cela se pratique pour les rentes sur l'État ? Ce dernier avantage est immense ; car le fractionnement des obligations fait toujours concorder la demande avec l'offre ; le prêteur n'a point à redouter de voir dormir son capital faute de remplir toute l'étendue de l'emprunt recherché, ou bien d'être forcé de l'éparpiller sur des débiteurs divers, et de se charger de plusieurs titres de créances donnant lieu chacun à un recouvrement distinct des intérêts et du principal.

En outre et surtout, la solvabilité notoire de l'État, la connaissance exacte et universelle de sa situation, épargnent au créancier toute nécessité de recourir aux renseignements si nombreux et si difficiles à obtenir quand il s'agit d'opérer un placement sur hypothèque.

Ces causes réunies expliquent parfaitement pourquoi, même avec une loi hypothécaire notablement améliorée, le sol devrait servir un intérêt plus élevé que le Trésor public, si la forme de l'emprunt sur immeubles ne subissait aucune modification.

Pour effacer cette différence, pour donner au crédit privé la puissance d'action du crédit public, on a eu recours, en Allemagne et en Pologne, à une association volontaire des propriétaires fonciers ; on a substitué la solidarité consentie entre les intéressés à la solidarité nécessaire qui dérive des obligations des citoyens envers l'État. Il se crée, au moyen de l'association territoriale, un centre auquel tout converge. Les créanciers n'ont affaire qu'à la direction, qui seule perçoit les intérêts servis par les associés, et les paye aux porteurs des obligations foncières. Toute individualité des emprunteurs disparaît ainsi et s'efface dans l'ensemble de l'institution. Un signe unique représente le titre de l'emprunt ; la valeur intrinsèque de ce titre n'a besoin d'aucune justification particulière ; il porte avec lui sa garantie. Dès lors, créé à l'image d'un titre de rente sur l'État, il en partage toutes les qualités ; il circule avec la même facilité, car il possède la même authenticité de valeur.

La direction centrale représente tous les associés ; elle prend des mesures efficaces pour garantir les avances qu'elle leur consent et la rentrée régulière des intérêts. Grâce à cet intermédiaire, une *moyenne* de solvabilité et de sécurité s'établit pour l'association, et règle le cours des titres d'emprunts.

Le service rendu par l'association est gratuit, en ce sens que les associés ne sont tenus qu'à rembourser les simples frais d'administration ; de cette manière, une spéculation intéressée ne vient point augmenter le taux naturel de l'intérêt par le prélèvement d'une prime. Pourvu que la loi permette aux administrateurs de bien apprécier la garantie offerte par les propriétaires, et que l'ordre et la régularité règnent dans l'exécution, le crédit de l'entreprise ne peut que s'élever fort haut ; car à la sécurité du gage immobilier viennent se joindre tous les avantages qui donnent tant de prix aux emprunts publics.

La puissance d'action du gouvernement, la certitude que les recouvrements seront faits avec une grande exactitude et les intérêts servis de même, voilà ce qui inspire une si grande confiance aux porteurs de la rente. En outre, leur titre de créance témoigne par lui-même de sa valeur intrinsèque, présente la plus grande commodité pour les mutations, et permet à chaque instant, au premier besoin manifesté, de réaliser le capital.

L'Etat est le représentant des contribuables ; quand il contracte un emprunt, la nation entière s'oblige à faire honneur à l'engagement. Le prêteur ne connaît que la personne morale avec laquelle il traite, que l'autorité ; celle-ci est nominalement son unique débiteur ; mais en réalité, c'est l'étendue des ressources des contribuables qui détermine la quotité de la somme qu'il se décidera à avancer. Le gouvernement ne fait que jouer le rôle d'intermédiaire ; il perçoit sous forme d'impôts des valeurs qui s'écoulent de ses mains converties en arrérages.

Cette belle création du génie financier n'est pas forcément restreinte aux opérations des empires ; on l'a déjà appliquée, avec succès, aux emprunts contractés par les départements, les villes, les communes. Une ingénieuse combinaison a permis aux propriétaires fonciers de mettre sur la même ligne.

Rien de plus simple que le mouvement de cette machine financière:
les propriétaires fonciers se réunissent et s'obligent, en conséquence
d'un emprunt contracté par chacun d'eux, dans une proportion déterminée avec la valeur des immeubles possédés, à verser les intérêts dans
une caisse commune, sous la direction de membres choisis à cet effet.
Si l'autorité intermédiaire ainsi constituée est munie de pouvoirs suf-
fisants pour assurer la rentrée exacte, et par conséquent le service régulier des intérêts, la sécurité des prêteurs devient entière. La négociation d'un titre uniforme, délivré par l'association, ne présente plus
aucune difficulté.

Que cette association embrasse dans son réseau la commune, le can-
ton, le département, enfin le pays tout entier, et l'on verra se reproduire avec exactitude tous les éléments qui élèvent à un si haut degré
de prospérité le crédit public.

L'association territoriale, en la prenant dans sa plus large expression, constitue, comme l'Etat, une personne morale, munie de pouvoirs et de ressources nécessaires pour remplir avec exactitude tous
ses engagements. Les propriétaires fonciers, ses contribuables, ne sont
tenus que vis-à-vis d'elle, et les capitalistes ont aussi l'association pour
unique débiteur.

Chaque domaine reçoit, jusqu'à concurrence d'une certaine portion
de sa valeur, libre de toute charge, des obligations hypothécaires
émises par la société, pareilles aux titres des rentes sur l'État, et dont
la société sert les intérêts. Tout l'office de celle-ci consiste à épargner
au capitaliste le contact immédiat avec l'immeuble affecté à la créance,
à généraliser le gage et le titre d'emprunt. Elle résume en elle, et
réunit en un seul faisceau toutes les valeurs territoriales. N'ayant et
ne pouvant avoir en vue aucune spéculation, aucun gain, elle se borne
à servir de caisse centrale, à recueillir d'un côté les intérêts qu'elle dé-
verse de l'autre. Les propriétaires ne payent en sus qu'une très-faible
prime, destinée à couvrir les dépenses administratives. Réunis en
quelque sorte en corps d'état, ils impriment à leurs obligations le sceau
du crédit puissant, et les marquent au coin d'une valeur notoire. Le
grand-livre de la dette foncière se forme donc et fonctionne exactement comme le grand-livre de la dette publique.

la première idée de cet ingénieux système appartient à Law, qui ne
réussit pas à le faire adopter par le parlement d'Ecosse. L'application
de cette idée, digne du génie financier de Law, eut d'abord lieu en
Prusse.

Par suite des dévastations de la guerre de sept ans, jointes au dés-
ordre des monnaies et à la baisse subite du prix des grains et des terres, le crédit des propriétaires fonciers de la Silésie se trouva ébranlé
profondément. Les déconfitures et les expropriations forcées se mul-
tiplièrent d'une façon inquiétante, et beaucoup de familles, placées
entre des emprunts usuraires et les demandes de remboursement d'

leurs créanciers, marchaient à grands pas vers une ruine complète. C'est dans ces circonstances que Frédéric II, sur la proposition du négociant Buhring, fonda le système de crédit connu sous le nom de *système territorial silésien*. Par un ordre du cabinet du 29 août 1769, tous les propriétaires de terres *nobles (Rittergüter)* furent réunis en une association dont le but était le rétablissement et le crédit des *nobles et des Etats (Stande)* de Silésie. A cette fin, l'association s'obligeait, d'un côté, envers tout possesseur de terre *noble* et moyennant hypothèque sur celle-ci jusqu'à concurrence de moitié de sa valeur, à lui procurer un emprunt dont le remboursement ne serait pas exigible ; et de l'autre côté, vis-à-vis des créanciers, porteurs d'un titre d'obligation (*Pfand-Brief, lettre de gage*) délivré par la société; elle garantissait, sur tous les biens compris dans l'association, et le capital et le payement régulier des intérêts.

L'institution prospéra ; les capitaux devinrent abondants, et ces heureux résultats provoquèrent d'autres créations analogues. Bientôt toutes les provinces de la vieille Prusse eurent leurs associations de crédit territorial ; la Marche électorale et la Nouvelle-Marche en 1777, la Poméranie en 1781, la Prusse occidentale en 1781, et la Prusse orientale en 1789. Enfin en 1821 le grand-duché de Posen entra dans la même voie.

En dehors de la Prusse, cette institution n'eut pas moins de succès. Ainsi, sans parler de la tentative malheureuse faite en 1811 dans les duchés de Schleswig et de Holstein, nous trouvons des associations de crédit territorial établies et existantes encore dans la principauté de Lünebourg (fondée en 1790), dans les deux grands-duchés de Mecklembourg (1818), dans la Courlande et l'Ifflande (1830), dans le royaume de Pologne (1825, renouvelée en 1838), dans les principautés de Calenberg, Grubenhagen et Hildesheim (1825, étendue en 1838), dans les Etats de Brême et Verden (1826), dans le royaume de Wurtemberg (1826), et dans la province de la Frise orientale (1828). L'association projetée en Bavière depuis 1823, et approuvée par une loi du 11 septembre 1825, n'a pu se réaliser ; mais elle se trouve remplacée en partie par la *Banque d'hypothèques et de change* établie dans ce royaume en 1835 [1].

Toutes ces associations ont le même but, à savoir, de venir en aide au crédit territorial, en lui prêtant l'appui d'une vaste association qui intervient entre le propriétaire et le capitaliste, en mettant à la disposition du premier, moyennant hypothèque, les sommes qui ont été prêtées en considération du crédit social. Pour atteindre ce but, elles emploient également un moyen identique, la mise en circulation de

---

[1] Nous empruntons ces indications, plus complètes que celles que nous avions données dans notre premier Mémoire sur la *Mobilisation du crédit foncier*, à un travail de M. Kohlchutter, conseiller intime du royaume de Saxe, travail publié récemment dans les *Archives d'économie politique*, de MM. Rau et Hannsen (en allemand).

titres au porteur, émanant de la société et représentant une certaine portion de la valeur des biens hypothéqués à celle-ci. Mais au surplus et dans les détails d'application ces diverses associations ont de nombreuses différences qu'il importe de connaître, si l'on veut se rendre compte de leur efficacité. L'on peut à cet égard établir une distinction tranchée entre *le vieux système prussien* et les associations fondées ou réformées plus récemment. Nous parlerons d'abord de l'exigibilité de la dette (*droit d'exiger le remboursement — Kündbarkeit*), et de l'*amortissement*.

L'ancien système prussien établit bien vis-à-vis du débiteur et dans son intérêt la non-exigibilité de la dette; mais vis-à-vis de la société, il autorise d'une manière absolue le créancier à réclamer le remboursement. Si celui-ci use de cette faculté, c'est à la société soit de chercher d'autres accepteurs de la lettre de gage, soit d'en opérer le rachat moyennant son propre fonds ou par les ressources qu'elle pourra trouver ailleurs; d'un autre côté, la société peut toujours rembourser le porteur de la lettre de gage. Le débiteur a le même droit; et comme il peut l'exercer non-seulement pour sa dette tout entière, mais encore pour chaque lettre de gage garantie sur son fonds par une hypothèque spéciale, il a la faculté de diminuer ou d'éteindre sa dette par des payements successifs. Mais le remboursement est purement facultatif de sa part, et ce système n'admet pas l'amortissement forcé. En outre, depuis 1787, l'association silésienne suit le principe que les lettres de gage ne peuvent être rachetées que par des lettres de gage, et jamais en argent comptant.

Au contraire, les nouvelles associations (suivant en ceci l'exemple donné dès 1790 par l'association de Lünebourg) se distinguent par la combinaison d'une extinction graduelle de la dette et du système des lettres de gage.

La plupart de ces associations stipulent que le porteur d'une lettre de gage ne pourra exiger le remboursement, et en même temps elles astreignent le débiteur à payer, outre les intérêts des lettres de gage et sa quote-part pour les frais d'administration, une certaine somme destinée à l'amortissement. A cette fin, le revenu de ces sommes complémentaires, réuni entre les mains de la société et croissant d'après la proportion des intérêts composés, est employé au rachat successif des lettres de gage, de telle sorte que, selon l'élévation plus ou moins grande du taux de l'intérêt et du complément destiné à l'amortissement, le capital lui-même est amorti plus ou moins rapidement, et par suite la somme des dettes de la masse des propriétaires faisant partie de l'association est de plus en plus diminuée.

L'association de crédit du grand-duché de Posen fut dès l'origine établie sur cette base ; depuis lors beaucoup d'autres associations territoriales de la Prusse l'adoptèrent également et modifièrent dans ce sens leurs statuts.

Il existe donc deux espèces d'associations territoriales de crédit. celles où l'extinction de la dette n'est que facultative, et celles où la créance doit se trouver forcément éteinte au bout d'un certain laps de temps. Dans ces dernières, le débiteur ajoute à chaque payement d'intérêts une certaine somme qui, s'accumulant sans cesse et produisant elle-même des intérêts, finit par le libérer sans gêne et sans efforts.

La question de l'amortissement est une de celles qui ont été le plus vivement débattues. A l'enthousiasme primitif pour ses prétendues merveilles a succédé la défiance, et même la réprobation ; des économistes célèbres le taxent de déception ruineuse, et l'Angleterre l'a déjà supprimé, en se réservant d'employer l'excédant seul du revenu à l'extinction de la dette publique.

Mais si l'amortissement est condamné comme un rouage onéreux et funeste pour l'administration des intérêts publics, il n'est pas à dire qu'on doive le bannir de l'administration des intérêts privés.

La durée limitée de la vie humaine, le déplacement rapide des fortunes, commandent à chacun de poser des bornes à ses entreprises, de dégrever son avenir ; l'habileté industrielle ne se transmet pas par héritage, et l'on doit tendre à libérer ses successeurs des charges qui pourraient leur devenir par trop onéreuses.

L'Etat, qui marche toujours jeune vers un avenir sans bornes, n'éprouve pas les mêmes nécessités. La richesse peut se déplacer entre ses membres, sans que la masse des biens en éprouve aucune altération ; l'Etat est le centre vers lequel tous les intérêts viennent converger, et tant que la fortune publique ne décroît point, la solvabilité et par conséquent le crédit du pays restent les mêmes, quelque variation qu'éprouvent ses éléments. Quand il est question d'amortissement, l'Etat doit se demander s'il ne prélève point entre les mains des contribuables des capitaux utilement employés, et produisant un intérêt plus élevé que la dette publique, et ce uniquement pour éteindre cette dette, soi-disant à leur bénéfice.

En effet, ce qui profite à chaque contribuable profite à la richesse nationale et vient refluer dans le réservoir commun.

Tout s'individualise, au contraire, dans la propriété privée ; l'immeuble grevé, par exemple, ne profitera pas toujours des avantages que procure l'emprunt auquel il a servi de garantie. Aussi il pourra être indifférent à l'Etat d'éteindre ou non sa dette ; le pays pourra même trouver plus d'avantage à la laisser subsister, et son crédit n'en éprouvera aucune atteinte ; mais il importera toujours à la propriété privée de se voir libérée dans un certain espace de temps. L'appel fait au crédit territorial ne doit pas en dessécher la source, et cela aurait lieu, si la dette devait éternellement grever le bien-fonds.

D'ailleurs, dirigé par des administrateurs expérimentés, entouré de conseils et soumis à un incessant contrôle, l'intérêt public se suffit à lui-même pour se frayer la meilleure voie ; l'intérêt privé a besoin qu'on la lui trace. Il est dans notre nature des instincts d'ordre et d'économie qui n'ont besoin que d'appui et de bonne direction, que d'encouragement et de but déterminé, pour prendre un développement rapide et fructueux.

Les caisses d'épargnes ont ouvert une voie d'amélioration pour les classes pauvres et laborieuses. Celles-ci n'ont pas tardé à comprendre qu'une légère somme, mise en réserve de distance à distance, peut leur créer des ressources précieuses pour l'avenir.

Les compagnies d'assurances sur la vie, celles de prévoyance et autres, travaillent à infiltrer le même esprit d'ordre et de suite dans les classes plus aisées ; et un amortissement modéré, appliqué aux emprunts des particuliers, serait-il autre chose qu'une caisse d'épargnes de la propriété, caisse organisée sur une large échelle, et dont l'influence salutaire s'étendrait également sur la moralité et sur le bien-être de la nation ?

Un tel système est plus qu'utile, il est indispensable pour la propriété foncière. Nous l'avons déjà dit, si elle assure un revenu constant, elle ne le dispense, à des époques réglées, que par faibles fractions eu égard au capital engagé. Aussi pour qu'elle puisse se suffire à elle-même, pour qu'elle puisse s'affranchir, par ses propres forces, des charges qui la grèvent, il faut qu'on échelonne sa libération dans la mesure des bénéfices qu'elle procure ; elle parviendra ainsi sans grand effort, sans que rien la trouble dans sa marche lente et régulière, à faire face à ses engagements.

L'amortissement, en permettant le remboursement des obligations au pair, par voie de tirage au sort, assure aussi un autre avantage, la fixité des cours ; il empêche les brusques revirements du jeu et l'influence des agioteurs. Les cours oscilleront nécessairement autour du pair, terme fixe qui leur servira d'étalon ; les propriétaires sauront ainsi toujours d'avance à quoi ils s'engagent, et ne se verront pas forcés à un grand sacrifice de capital pour opérer la libération de l'immeuble.

L'élévation du cours de la rente est un avantage pour l'État, qui peut se dispenser de la racheter ; s'il est forcé de recourir à de nouveaux emprunts, il les obtiendra, par là-même, à des conditions plus favorables. Mais les propriétaires fonciers, qui ont besoin de se libérer dans une certaine période de temps, doivent être certains que les sacrifices qu'ils seront obligés de faire pour éteindre la créance ne dépasseront pas, dans une proportion démesurée, le capital que l'emprunt leur a procuré.

L'amortissement fait fructifier les économies obligées des propriétaires. Comme ils se libèrent par fractions, chaque payement partiel portant intérêt à leur profit, l'accumulation de ce bénéfice accessoire diminue d'autant le capital de la créance. Plus l'époque du remboursement intégral est éloignée, et plus faible est la somme totale payée par eux pour solder l'emprunt.

Ainsi, en Pologne, en ajoutant 2 pour 100 aux 4 pour 100 d'intérêt annuel, on amortit la dette au bout de vingt-huit ans, et l'on ne débourse que 56 florins pour un capital de 100 florins.

Une banque territoriale a été créée en Belgique; une annuité de 1 fr. 78 cent. y éteint la dette de 100 fr. en trente ans, c'est-à-dire moyennant 53 fr. 40 cent.

Dans le grand-duché de Posen, 1 pour 100 de différence entre les intérêts servis sur le pied de 4 pour 100, et ceux perçus par la société territoriale sur le pied de 5 pour 100, opère la libération en quarante-un ans, c'est-à-dire avec 41 pour 100.

Enfin, si l'on n'imposait qu'à 1/2 pour 100 en sus les débiteurs qui payent 4 pour 100 d'intérêt, leur dette serait amortie en cinquante-six ans, c'est-à-dire moyennant 28 pour 100.

Ces motifs réunis nous font préférer les sociétés territoriales qui admettent le jeu d'un amortissement modéré, à celles qui l'excluent.

Cette amélioration n'est pas la seule qu'ait rencontrée en Pologne le système prussien. On y a pris pour base fixe de l'évaluation du crédit ouvert à chaque domaine, le chiffre de l'impôt foncier. De là, il n'y avait plus qu'un pas à faire pour assimiler le prêt à une augmentation d'impôt, et cette idée fondamentale du système que feu M. Petit, homme fort honorable et très-bien intentionné, a cru inventer, et qu'il a développée d'une manière assez obscure, se trouve déjà depuis vingt ans appliquée dans le royaume de Pologne.

Priviléges de la société. Dans l'ancien système, la société jouissait de priviléges très-importants vis-à-vis du débiteur et des autres créanciers de ce dernier. Si le payement des intérés n'était pas effectué au temps convenu, les règlements prussiens donnaient à la société le droit d'opérer *immédiatement* (sauf les cas de force majeure), par ses propres agents et sans aucune intervention de la justice, la mise en séquestre du bien hypothéqué, et de la maintenir jusqu'à entier payement des arrérages, des frais de séquestre, etc. Si la mise en séquestre a constaté que le bien a été détérioré quant à l'état des terres, du bâtiment ou du bétail, la société a le droit de rétablir les choses en bon état et de prolonger le séquestre jusqu'à ce que les frais de cette opération aient été payés, ou que le débiteur se soit décidé à vendre le fonds. Si le débiteur ne cultive pas bien ses terres ou les détériore, la société peut faire une enquête à cet égard, ordonner au débiteur de rétablir le fonds de la manière et dans le délai déterminés; et, s'il ne se conforme point à cette sommation, ordonner le séquestre. Si le débiteur s'oppose aux dispositions prises par la société, celle-ci peut ordonner des amendes et même l'emprisonnement; en cas de résistance prolongée, le séquestre, et enfin la vente publique de l'héritage. En outre, s'il y a concours de créanciers, la société n'est point colloquée dans l'ordre pour les arrérages, ni pour les frais de séquestre ou de rétablissement des lieux, et elle ne concourt pas aux frais de l'ordre ; elle met en séquestre, même pendant l'expropriation et jusqu'à la vente, le bien décrit dans la lettre de gage, et ne verse dans la masse que le reliquat des revenus, après son entier payement. Enfin, sur les autres objets composant la masse, elle prélève les intérêts qui lui sont dus et les frais de rétablissement du bien, et n'est pas obligée de consentir à l'adjudication de celui-ci, quand l'enchère ne couvre pas la dette pour laquelle il lui est hypothéqué.

Les nouveaux règlements, qui en général ont rejeté le mécanisme rigoureux et compliqué de l'ancien système, ont aussi cherché à obtenir, avec un moindre étalage d'expédients, la même sûreté pour la société contre les pertes qu'elle pourrait éprouver par suite des retards ou de l'insolvabilité du débiteur, et ils ont restreint dans de plus justes limites les priviléges des associations de crédit. En général, ils ont considéré comme nécessaire, mais aussi comme suffisant, d'attribuer à la société une procédure exécutoire plus rapide, en cas de retard de payement, et une position privilégiée en cas de déconfiture, privilége consistant notamment en ce que les intérêts échus pendant la déconfiture sont réglés sur les revenus du fonds hypothéqué à la société.

Organisation de la société. Dans le système prussien, la possession d'une terre *noble* entraîne de soi la participation à l'association de crédit, et la responsabilité éventuelle pour les lettres de gage délivrées par celle-ci, alors même que le bien en question ne serait engagé à aucun titre d'obligation. L'association territoriale des deux Marches, et ensuite celle du grand-duché de Posen, s'écartèrent de cette base, en ordonnant que les possesseurs de terres *associés*, c'est-à-dire ayant accepté des lettres de gage sur leurs terres, seraient seuls, et jusqu'à extinction de leur dette, considérés comme membres de la société, obligée envers les porteurs de lettres de gage. Ce principe a été suivi par les autres associations modernes ; toutes, elles forment des *sociétés libres*, dont l'entrée est ouverte aux propriétaires d'une certaine catégorie, sans être forcée pour personne.

Obligation solidaire des membres de la société. Toutes les associations de crédit, anciennes ou modernes (à l'exeption de celle du Würtemberg), ont adopté le principe : que l'ensemble des propriétaires associés répond envers les créanciers pour le capital et les intérêts. Elles consacrent donc une obligation *subsidiaire* de leurs membres, obligation qui, du reste, est réglée différemment selon les différents statuts. Ceux de l'association würtembergeoise (1826) n'admettent pas cette obligation solidaire, avec l'effet que chaque membre réponde pour tout le capital social ; mais ils astreignent chaque membre, moyennant une grantie mutuelle, au cas où, par des événements extraordinaires, le fonds d'assurance serait épuisé, à continuer le payement des intérêts, jusqu'à l'entier payement du capital dû par la société. Lors de la révision des statuts de l'association würtembergeoise, en 1831, l'on a renoncé à cette disposition trop onéreuse, et désormais chaque membre de la société est seulement tenu de payer deux années d'intérêts au delà de ce qu'exigerait le calcul d'amortissement; et les sommes en provenant sont versées dans le fonds de réserve, en remplacement de la garantie mutuelle.

Capacité des membres de l'association. Dans son principe, le système de crédit territorial n'était destiné à venir en aide qu'aux grandes propriétés foncières (*terres nobles*), et la plúpart des associations territoriales ont conservé cette tendance restreinte, de telle sorte que, selon les statuts, les possesseurs de terres nobles ont seuls la capacité requise pour y entrer. La première déviation à ce principe fut faite dans la révision des statuts de l'association de la Prusse orientale (24 décembre 1808); par ce nouveau règlement, l'association fut étendue à tous les pleins-propriétaires d'immeubles ayant un prix d'estimation de 500 écus (1875 francs) au moins. Suivant les statuts de l'association de crédit de la Bavière, tous les possesseurs d'immeubles d'une valeur de 20,000 florins devaient, sans distinction de rang, être admissibles dans la société; et, afin d'augmenter l'efficacité de celle-ci, plusieurs propriétaires devaient pouvoir se réunir pour constituer des hypothèques de la valeur de 20,000 flor. L'association würtembergeoise admet tout propriétaire foncier, ainsi que toute commune ou corporation du Würtemberg et de quelques pays voisins. La valeur de la propriété peut descendre jusqu'à 1000 florins (2100 francs). Dans son excellent ouvrage *De la science de la police* (Polizei-Wissenschafft), M. le professeur R. de Mohl fait ressortir les avantages de cette organisation plus démocratique.

Dans le duché de Posen et en Pologne, toute distinction entre les terres *nobles* ou non *nobles* se trouve effacée; pour être admis dans l'association il suffit de posséder une propriété territoriale d'une certaine étendue.

La solidité des sociétés de *crédit territorial*, n'a pas même été ébranlée pendant la lutte que la Pologne a soutenue, en 1831, contre la Russie; les intérêts ont toujours été régulièrement servis.

Plusieurs objections ont été faites contre les sociétés de crédit foncier; nous les mentionnerons rapidement.

A moins de vouloir proscrire le crédit foncier, on ne saurait faire un reproche aux associations territoriales de ce qu'elles favorisent les emprunts. Comme leur effet immédiat et infaillible est de procurer de l'argent à un taux plus modéré, loin d'accélérer, elles empêchent souvent la ruine de ceux qui se livrent même à des dépenses improductives; car elles font disparaître l'élément qui contribue le plus à la consommer, l'usure. La dissipation est un besoin pour un dissipateur;

il trouvera toujours le moyen de l'assouvir ; seulement une bonne organisation du crédit diminuera les charges qui en découleront.

Le célèbre économiste Struensée exprimait, lors de la création de la société territoriale de Silésie, la crainte de voir les propriétaires des domaines les plus étendus y réunir successivement ceux de moindre valeur. Le contraire a eu lieu; la petite propriété a puisé, dans les forces que lui prêtait le crédit, le contrepoids nécessaire pour empêcher une absorption de cette nature.

C'est d'ailleurs une grave question que de savoir, au point où nous en sommes venus en France, si un plus grand morcellement du sol profiterait à l'État. La petite culture a des inconvénients nombreux, et ce ne serait pas le plus mince avantage de la mobilisation du crédit foncier que d'empêcher les partages en nature par suite de successions, en permettant à l'un des héritiers de solder facilement les autres.

Nous avons fidèlement retracé l'origine et le développement des associations territoriales à l'étranger. Un coup d'œil jeté sur ces entreprises suffit pour montrer comment, par suite d'une heureuse union et d'un simple concours de volontés, le crédit d'un seul a pu s'élever au niveau du crédit de tous.

Tel est aussi l'avenir qui s'ouvrirait pour la propriété foncière en France, si elle était une fois affranchie des liens d'une législation vicieuse.

Nous dirons plus, si nous adoptons une institution éprouvée ailleurs, nous pensons lui donner un caractère plus large en tirant parti de la constitution administrative de notre pays. C'est à l'intervention directe de l'État que nous aurons recours pour organiser le crédit territorial, car, selon la belle et prophétique parole de Law, « l'État donne le crédit. » Il est quelqu'un, a-t-on dit, qui a plus d'esprit que Voltaire, plus de génie que Napoléon, et ce quelqu'un c'est tout le monde. On peut ajouter avec non moins de raison : Il est quelqu'un qui a plus de crédit que tous les princes de la finance réunis, c'est tout le monde, c'est la société elle-même ; c'est le peuple, qui peut dire aujourd'hui, sans risquer de parodier l'orgueilleuse vanité de Louis XIV : *l'État, c'est moi.*

C'est la garantie de l'État que l'on a réclamée pour la construction des chemins de fer, c'est également la garantie de l'État qui a fait prospérer la belle création des caisses d'épargnes ; et cette autre institution, sœur jumelle des caisses d'épargnes, et dont l'opinion se préoccupe à juste titre, la caisse de retraite des travailleurs, comment lui donner la vie, si ce n'est en faisant appel à l'appui tutélaire du gouvernement ?

Cruellement éprouvé, mais non abattu par la mauvaise fortune, Law, de son exil, écrivait au régent des lettres qui dévoilent la puissance du crédit public ; la révolution que son génie avait entrevue est accomplie maintenant ; l'État donne le crédit au lieu de le recevoir.

L'organisation unitaire du pays , cette puissante centralisation qui est le cachet de nos institutions administratives , enfin le recouvrement proportionnel et régulier de l'impôt basé sur le cadastre, nous permettent d'imprimer une forme nouvelle, plus simple et plus large à la fois, à l'institution du crédit territorial.

Au lieu de s'en reposer sur l'agglomération spontanée des propriétaires fonciers pour créer le centre nécessaire de l'association territoriale, le gouvernement peut lui-même servir de centre à cette utile entreprise ; la machine administrative est prête , la perception des intérêts de l'emprunt hypothécaire est facile ; il ne s'agirait que de les ajouter à l'impôt foncier.

L'impôt foncier pourrait être pris pour base de l'évaluation du crédit ouvert. D'après l'état A du budget des recettes de l'exercice 1843, l'impôt principal , accru des centimes additionnels sans affectation spéciale, monte à 188,773,200 francs ; il ne présente pas le huitième du revenu net de la propriété territoriale. On pourrait donc, sans aucun danger , prendre pour base du crédit alloué aux propriétaires, sur le grand-livre du crédit foncier ouvert à cet effet, le triple de l'impôt, capitalisé sur le pied de 4 pour 100. Ce seraient environ 600 millions d'intérêts à servir annuellement sur un capital de 15 milliards. Bien entendu que cette avance ne serait faite que sur une propriété entièrement libre, ou moyennant le consentement des créanciers antérieurs qui céderaient leur rang de priorité. L'énorme réduction du taux de l'intérêt apporterait un grand allégement au propriétaire, dont la moitié du revenu se trouverait seule affectée par le nouvel impôt, volontairement consenti.

L'État lui remettrait, en échange de son engagement, des obligations foncières rapportant 4 pour 100 d'intérêt ; le payement des obligations se ferait tous les six mois au Trésor, ainsi que cela se pratique pour la dette inscrite. L'État, assuré du recouvrement de l'impôt additionnel, ne risquerait rien en prêtant son ministère à cette vaste organisation financière ; il économiserait, au profit de la propriété foncière, les sommes considérables qu'elle serait, sans cela, obligée de dépenser pour monter un personnel spécial. D'ailleurs, la juste confiance qu'inspire le gouvernement et la ressemblance intime qui s'établirait entre les obligations foncières et les inscriptions de rente, doteraient immédiatement celles-là de tout le crédit de celles-ci.

Le propriétaire pourrait promptement, et à de bonnes conditions, négocier son titre d'emprunt, frappé à un coin uniforme par l'intervention de l'autorité publique. Car il importe de bien le remarquer, dans notre système, l'État n'avance point l'argent ; il ne prête que le secours d'une administration prudente et régulière, et l'appui moral de son crédit. Tant que le propriétaire n'a point négocié le titre qui lui est remis , les intérêts qu'il paye se compensent exactement avec ceux qu'il perçoit, et il ne se trouve assujetti qu'à une redevance de 5 pour 100 sur le montant de l'intérêt annuel ; cette somme étant destinée à couvrir les frais de gestion et à compenser le revenu des inscriptions hypothécaires et de l'enregistrement des obligations.

Les documents publiés par l'administration nous apprennent quelle est l'importance de ce revenu. Les droits d'enregistrement, de transcription, d'inscription et de timbre, c'est-à-dire les frais de mutation d'immeubles et des prêts hypothécaires, se sont élevés, en 1841, à 106,414,062 francs. Si l'on décompose ce total, on obtient les indications suivantes :

Les droits d'enregistrement des transmissions d'immeubles à titre onéreux ont produit. . . . .   88,460,172 f. 68 c.

Les droits de greffe, de rédaction, qui se perçoivent sur les adjudications d'immeubles en justice   336,950   49

Les droits d'enregistrement des prêts hypothécaires ne figurent point séparément dans les comptes ; mais, d'après le montant connu de ces prêts, ils ont dû produire en 1841 environ.   5,407,334   02

Les droits d'enregistrement perçus sur les actes de libération, et applicables à peu près en totalité aux quittances de prix de ventes d'immeubles et de prêts hypothécaires, se sont élevés à   4,278,852   63

Les droits d'hypothèques ont produit, savoir :
Pour inscriptions . . . .   1,210,739 f. 63 c.
Pour transcription d'actes de mutation. . . .   720,012   13 —   1,930,751   78
Quant aux droits de timbre, on ne peut donner qu'une évaluation arbitraire ; on la porte à   6,000,000   »»
____

Total. . . . .   106,414,062 f. 60 c.

Les évaluations les plus larges ne sauraient donc porter les droits du Trésor perçus sur les emprunts hypothécaires au delà de dix millions.

Nous venons de dire qu'en supposant une émission de 15 milliards d'obligations foncières, qui porteraient 600 millions d'intérêt annuel, les droits du Trésor s'élèveraient, sur le pied de 5 pour 100 de l'intérêt servi, à 30 millions. Il y aurait donc largement de quoi couvrir le revenu actuel de l'État et les dépenses de la nouvelle organisation, même en ne portant que pour mémoire les inscriptions hypothécaires qui pourraient être prises, en seconde ligne, par les particuliers. Les frais qui pèsent aujourd'hui sur le débiteur au moment où il a besoin de l'intégralité de la somme empruntée, se trouveraient ainsi répartis, d'une manière peu sensible, sur une longue série d'années.

L'intérêt de 4 pour 100 serait grandement suffisant pour assurer la négociation facile des obligations foncières au pair ; peut-être même pourrait-on le réduire encore davantage.

Une mesure que nos réflexions antérieures font suffisamment pressentir, maintiendrait les cours à ce taux, d'une manière à peu près permanente, en faisant obstacle aux manœuvres de l'agiotage. Nous voulons parler du remboursement successif des obligations au pair, par voie de tirage au sort, au moyen d'un demi pour 100 ajouté à l'intérêt payé par le propriétaire, à partir de la cinquième année de l'emprunt. L'extinction complète de la dette aurait lieu en cinquante-six ans ou au bout de soixante ans, à compter du moment où le crédit a été ouvert.

Nous ne faisons commencer l'amortissement qu'à la cinquième année parce que nous voulons que les améliorations faites dans la culture aient déjà commencé à produire un résultat. Ainsi, moyennant le payement de 4 pour 100 pendant quatre ans, et de 4 1/2 pour 100 pendant les cinquante-six ans suivants, le propriétaire foncier serait entièrement libéré de sa dette.

Ce terme n'a pour nous rien de sacramentel ; si l'on trouve ce délai trop long, rien de plus facile que d'abréger la durée de l'opération entière, en augmentant le taux de la prime servie pour l'amortissement. Néanmoins nous croyons qu'il est utile de ne pas surcharger l'immeuble par des exigences trop lourdes. Une disposition particulière hâterait le moment de la libération pour les propriétaires qui seraient en état de l'obtenir. La simple restitution au Trésor d'une certaine somme d'obligations foncières, opérerait immédiatement la décharge de la portion de la dette non amortie, égale à la somme ainsi versée. Ainsi, outre l'amortissement forcé et très-faible, qui opère spontanément pour affranchir l'immeuble, le propriétaire aurait encore le droit de faire fonctionner à tout moment, et pour telle quotité qu'il le voudrait, un amortissement facultatif. Cela seul suffirait pour doter notre système d'une grande utilité pratique.

Le payement des intérêts devrait être fait par les propriétaires en même temps que l'impôt foncier, et sous les mêmes conditions d'exécution administrative. Cette rigueur et cette célérité seraient salutaires ; elles accoutumeraient le débiteur à une grande régularité dans l'acquittement de ses obligations.

Il ne sera pas superflu de rappeler ici quelques chiffres qui montrent quel est aujourd'hui le mouvement du crédit territorial.

D'après les documents qui ont été fournis à l'administration, les prêts hypothécaires se sont élevés, savoir :

En 1840, à . . . . 519,278,139 fr.
En 1841, à 491,575,820
En 1842, à 509,555,003

Total des trois années. . . . . . 1,520,408,982 fr.
Un tiers pour terme moyen 506,802,994

Le tableau suivant montre comment ces prêts divers se sont répartis entre les différentes catégories de créances.

	Nombre des prêts.	Montant des prêts.
Prêts hypothécaires de 400 francs et au-dessous. . .	155,220	36,640,928 fr.
Prêts hypothécaires de 400 à 1,000 francs.	89,803	62,421,267
Prêts hypothécaires au-dessus de 1,000 francs. . . .	84,553	392,513,625
Totaux.	329,576	491,575,820 fr.

Si nous recherchons des renseignements analogues pour les ventes d'immeubles, nous trouvons les données suivantes :

Les prix de ventes d'immeubles se sont élevés, en 1841, à . . . . . . 1,382,418,490 fr.
Les ventes amiables sont comprises dans cette somme totale pour. . . 1,250,567,722
Les ventes judiciaires sur saisie immobilière, pour. 35,612,247
Et celles autres que sur saisie immobilière, pour. 96,238,521

Parmi ces dernières, les ventes faites devant notaires commis par les tribunaux figurent de même que celles qui ont lieu à l'audience des criées.

Il importe de remarquer qu'on n'a pas fait entrer dans les prix de ventes : 1° les soultes d'échange ; 2° les retours de partage et les prix de licitation entre cohéritiers ou copropriétaires, qui, suivant les règles du droit commun, ne sont point considérés comme translatifs de propriété.

En décomposant le chiffre total des ventes de 1841, nous arrivons à dresser un tableau ainsi conçu :

	Nombre des ventes.	Prix des ventes.
Ventes d'immeubles de 600 fr. et au-dessous . . .	701,021	169,207,728 fr.
Ventes d'immeubles de 600 à 1,200 francs. . . .	162,503	141,845,741
Ventes d'immeubles au-dessus de 1,200 francs. .	195,917	1,071,365,021
Totaux.	1,059,441	1,382,418,490 fr.

Que résulte-t-il de ces indications ?

Les quatre cinquièmes en valeur des prêts hypothécaires sont supérieurs à 1,000 francs ; le quatorzième de ces prêts descend au-dessous de 400 francs ; c'est-à-dire que la presque totalité porte sur des sommes dont l'importance suffit pour l'émission commode des *obligations foncières*.

Le mouvement des aliénations de la propriété nous montre également que les cinq septièmes de la valeur des immeubles vendus dépassent 1,200 francs, et que le neuvième seulement descend au-dessous de 600 francs.

La puissance du crédit foncier pourrait donc s'exercer sans embarras sur presque toutes les propriétés. Celles qui seraient d'une trop faible étendue pour servir de base au crédit *réel* entreraient en ligne de compte pour accroître le crédit personnel de leurs détenteurs auprès des *banques agricoles*, que nous voudrions voir fonctionner d'une manière parallèle au grand système des obligations foncières, celui-ci donnant satisfaction aux besoins du sol envisagé indépendamment du propriétaire ; celles-là procurant les instruments d'exploitation, et pouvant par conséquent astreindre le débiteur à des conditions plus sévères, qui se rapprochent de celles qu'imposent les banques commerciales et industrielles.

Les créateurs d'une prétendue mobilisation du sol sont partis de cette fausse donnée, que le numéraire manque en France, que nos moyens d'échange sont insuffisants, et qu'il faut battre monnaie courante au moyen de véritables assignats, revêtus d'une forme meilleure.

Ce n'est pas le numéraire, l'agent de la circulation, qui manque chez nous ; il est seulement mal réparti, mal distribué ; le défaut d'institutions de crédit convenablement organisées empêche la demande de se rencontrer avec l'offre ; il y a en même temps engorgement et insuffisance des moyens d'échange. On ferait vainement appel à la mobilisation du crédit foncier dans le but de combattre cette mauvaise organisation du crédit industriel et commercial. Un vaste système de banques de circulation, fondées sur les points principaux du territoire et reliées à un centre commun, à une banque-mère, peut seul y porter remède.

On pourra établir, à côté, des *banques agricoles* consacrées à vivifier les diverses industries accessoires de l'exploitation du sol et surtout l'élève du bétail. Il existe en Allemagne, et spécialement en Würtemberg, en Bavière et dans le grand-duché de Bade, des embryons d'institutions analogues, sous le nom de *caisses de prêt pour l'élève du bétail*. Celles-ci avancent les fonds nécessaires pour l'achat des bestiaux. Mais il ne faut jamais perdre de vue une condition essentielle ; les *banques agricoles* ne devront pas avancer les fonds destinés à s'immobiliser dans la propriété, mais seulement les fonds de roulement destinés à se renouveler fréquemment. Elles répondent au besoin par lequel l'industrie agricole se confond avec les autres industries, et participe de leur caractère et de leur mouvement, tandis que toute *banque foncière* proprement dite, établie pour l'émission d'une nouvelle espèce de billets de change, ne saurait subsister, car elle ne doit ni ne peut entretenir de fonds de roulement, de capital de réserve.

La propriété immobilière a besoin, comme l'Etat, d'un crédit à long terme ; il faut pour elle, comme pour lui, des *consolidés*, et non des billets de banque. Ce sont de véritables *consolidés*, des titres de placement stable, que produirait la création du grand-livre de la dette foncière.

Les *obligations foncières*, telles que nous les concevons, ne diffèrent que par des avantages des contrats hypothécaires actuels, devenus transmissibles de main en main, divisibles à volonté, et doués d'une authenticité de valeur qui rend leur réalisation facile.

L'Etat vient simplement s'interposer entre les créanciers et les débiteurs, il émet des obligations foncières en rapport avec une certaine portion de la valeur des biens grevés, et perçoit les intérêts comme il perçoit l'impôt ; il les paye comme il sert les arrérages de la rente ; la sécurité des prêteurs est donc entière, et la négociation des obligations foncières aussi simple que celle des inscriptions de rente.

L'impôt foncier a été pris par nous pour étalon de la valeur des propriétés territoriales et de leur capacité à supporter les charges hypothécaires. Nulle part il ne dépasse le cinquième du revenu net ; en accordant la faculté d'emprunter jusqu'au triple de la valeur de l'impôt, capitalisé sur le pied de 4 pour cent, nous pensons avoir concilié ce que commande la prudence avec l'économie qui résulte de l'inutilité de toute expertise. Celle-ci aura lieu cependant si le propriétaire veut obtenir un crédit plus large, sans que néanmoins ce dernier puisse dépasser jamais la moitié de la valeur de l'immeuble.

Une règle invariable, ou un examen scrupuleux de la valeur du bien-fonds préside aux engagements que contractent les propriétaires, et les obligations sévères auxquelles ils se soumettent garantissent la régularité de leur libération. Tout l'office de l'Etat consiste à épargner le contact immédiat du capitaliste avec l'immeuble affecté à la garantie de la créance, et à marquer à un coin uniforme les titres d'emprunts, revêtus ainsi d'une valeur commune et notoire. L'Etat ne spécule pas, il ne peut ni gagner ni perdre ; il recueille d'un côté les intérêts qu'il sert de l'autre, et nous le répétons encore, le grand-livre de la dette foncière fonctionne exactement comme le grand-livre de la dette publique.

Le projet dont nous venons de reproduire les traits principaux ne poursuit point la pensée de la *mobilisation du sol*. Rendre le commerce des immeubles aussi facile, aussi commode et aussi sûr que le passage de main en main des choses mobilières, est chose impossible, et, quand ce serait possible, cela ne serait pas utile, a dit avec raison M. Rossi. La propriété foncière a ses caractères particuliers dont on ne peut faire abstraction ; elle n'aura jamais ni les qualités légales, ni les qualités économiques de la propriété mobilière. La terre est un instrument de travail *sui generis ;* le capital s'y incorpore, mais elle ne saurait elle-même se transformer véritablement en capital.

Ce qu'il faut obtenir pour elle, c'est qu'à l'aide du gage qu'elle présente, elle puisse trouver des capitaux à bon marché, à des conditions qui permettent de les employer utilement à l'amélioration du sol.

Ces conditions, nous les rencontrons dans un vaste système d'association, de centralisation sous la direction de l'Etat. Notre centralisation administrative, appliquée à la perception de l'impôt, permet de donner un cachet particulier de force et de grandeur à l'institution *des associations de crédit,* acclimatée en France.

Avant de terminer cette partie de notre travail, nous devons encore indiquer un autre service que l'on pourrait demander aux *obligations foncières* remboursables au pair par voie de tirage successif, et, par conséquent, ramenées sans cesse à osciller autour *du pair* pour leur valeur de placement. Nous croyons que là se trouve, en grande partie, la solution du problème des caisses d'épargnes.

L'admirable institution des caisses d'épargnes a fait naître des craintes mal fondées. Les progrès de la fortune publique, constatés par l'accumulation progressive des dépôts, raffermissent la confiance dans le crédit de l'Etat ; aussi le danger d'une demande subite de remboursement est-il loin de grandir avec la quotité des épargnes confiées au Trésor. Qu'on se garde bien d'ailleurs de l'oublier, arrêter le progrès de l'épargne populaire, c'est porter un coup sensible à l'expansion de la fortune publique, c'est énerver un des plus énergiques instruments que la démocratie moderne ait mis au service de l'amélioration du sort et de la position morale des classes laborieuses. Loin de nous plaindre que le peuple épargne trop, nous désirerions qu'il fût mis à même d'épargner davantage, et, pour cela, nous nous garderions bien de diminuer en rien les facilités qu'il rencontré, les garanties qu'il possède, l'espèce d'attraction à laquelle il obéit, alors qu'il devient tributaire volontaire de la caisse d'épargnes. Des idées d'ordre, de moralité, de prévoyance se lient d'une manière intime à la possession d'un *livret*. Multiplier la quantité des *livrets*, c'est doter le pays du plus riche élément de sécurité et d'émancipation.

Mais il faut aussi savoir faire un emploi intelligent de cette magnifique liste civile du peuple. Le placement des fonds déposés est le côté le plus intéressant de cette belle question ; ces ressources fécondes ne sauraient sommeiller sans priver le pays des capitaux nécessaires, des capitaux qui ne sont autre chose que l'épargne appliquée à la reproduction. Employer les dépôts des classes laborieuses est donc un devoir pour l'Etat ; tout le problème consiste à savoir bien les employer.

L'organisation du crédit foncier, au moyen d'obligations territoriales, procurerait un emploi avantageux à des capitaux aujourd'hui improductifs ou d'un placement difficile. Ces obligations pourraient servir à l'État pour faire emploi des fonds versés dans la caisse des dépôts et consignations ; aux tuteurs, pour l'emploi des deniers des mineurs ; surtout elles seraient utiles pour l'emploi des fonds versés dans les caisses d'épargnes. Ces fonds, qui s'élèvent déjà à près de 400 millions, ne tarderont pas sans doute à monter à 500 millions, peut-être même, il est permis de l'espérer, à un milliard. Cette énorme extension des caisses d'épargnes a fait naître une double appréhension. La première consiste dans la crainte de l'embarras où pourrait se trouver le Trésor en cas de demande subite de remboursement ; mais cette crainte nous touche peu ; les versements dans les caisses d'épargnes étant en effet la preuve de la confiance dans l'État, plus ils seront considérables, plus cette confiance sera grande, plus aussi les demandes de remboursement seront rares ; de sorte que l'on peut affirmer que le nombre des demandes de remboursement sera en rapport inverse avec celui des versements. Mais une considération plus importante, selon nous, est celle qui porte sur l'emploi des fonds versés dans les caisses d'épargnes. Les obligations de crédit territorial y serviraient très-utilement ; il résulterait en outre de cet emploi une relation salutaire entre la propriété du travail et la propriéte du sol.

Nous avons été entraîné bien loin en nous livrant à ces considérations générales sur l'organisation du crédit foncier; mais il nous a paru utile, au moment où le pays commence à se préoccuper de la mise en œuvre pratique de la réforme hypothécaire, de montrer les conséquences qui pourraient dériver d'une réforme complète.

Nous ne saurions entrer en ce moment dans l'examen des observations des Cours et des Facultés sur les dispositions du Code civil qui règlent cette matière. Notre travail a eu déjà trop d'étendue ; si nous le reprenons, nous aurons également à examiner les diverses propositions faites pour asseoir le régime hypothécaire sur une nouvelle base. Mais, disons-le dès à présent, MM. Loreau, Decourdemanche, Hébert, nous paraissent tomber dans la même erreur ; ils s'efforcent de dresser *l'état civil des propriétaires* en faisant pivoter autour l'ensemble du système des droits réels. tandis que c'est *l'état civil des propriétés* qui peut seul servir de base à un large développement du crédit, en permettant d'ouvrir *le grand-livre de la dette territoriale.*

L. WOLOWSKI.